张耀庭（左）：原国家体育总局武术运动管理中心主任、
第六届中国武术协会主席
杨　维（右）：上饶师范学院武家学派研究中心主任、
三级教授、博士生导师

武道
武在心中

李杰

李杰（右）：原国家体育总局武术运动管理中心主任、第七届中国武术协会主席

杨维（左）：上饶师范学院武家学派研究中心主任、三级教授、博士生导师

学高为师 身正为范

杨维先生雅正

己亥年初夏 杨桦

杨桦（右）：原北京体育大学党委书记、校长、
　　　　　　教授、博士生导师
杨维（左）：上饶师范学院武家学派研究中心主任、
　　　　　　三级教授、博士生导师

 **题词**

做体育文化人

白晋湘

2019年4月22日

白晋湘（右）：吉首大学党委书记、校长、教授、博士生导师
杨　维（左）：上饶师范学院武家学派研究中心主任、
　　　　　　　三级教授、博士生导师

武家学派典藏系列丛书

象形太极十三势

杨维 主编
辛桂维 著

人民体育出版社

图书在版编目（CIP）数据

象形太极十三势 / 辛桂维著. —北京：人民体育出版社，2019
（武家学派典藏系列丛书 / 杨维主编）
ISBN 978-7-5009-5633-4

Ⅰ.①象… Ⅱ.①辛… Ⅲ.①太极拳 Ⅳ.①G852.11

中国版本图书馆 CIP 数据核字（2019）第179680号

*

人民体育出版社出版发行
北京建宏印刷有限公司印刷
新 华 书 店 经 销

*

787×960 16开本 13印张 220千字
2019年12月第1版 2019年12月第1次印刷

*

ISBN 978-7-5009-5633-4
定价：58.00元

社址：北京市东城区体育馆路8号（天坛公园东门）
电话：67151482（发行部） 邮编：100061
传真：67151483 邮购：67118491
网址：www.sportspublish.cn
（购买本社图书，如遇有缺损页可与邮购部联系）

《武家学派典藏系列丛书》
编委会

主　编

杨　维：上饶师范学院武家学派研究中心主任、博士学位，上饶师范学院体育学院三级教授、博士生导师，武家学派代表人——武道元亨，象形太极（太极十三形）第七代传承人。

副主编

辛桂维：上饶师范学院武家学派研究中心副主任、硕士学位，上饶师范学院体育学院副教授，武家学派代表人——武道英杰，象形太极（太极十三形）第七代传承人。

姜　伟：黑龙江省五常市武术协会主席，五常市非物质文化遗产象形太极拳传承人，武家学派代表人——武道大师，象形太极（太极十三形）第八代传承人。

编　委

杨晓斌：上饶师范学院武家学派研究中心副主任、博士学位，上饶师范学院体育学院副教授，武家学派代表人——武道士子，象形太极（太极十三形）第八代传承人。

葛香杉：上饶师范学院外国语学院助教、硕士学位，武家学派代表人——武道士子，象形太极（太极十三形）第八代传承人。

杨　洋：山西大学体育学院讲师、博士学位，武家学派代表人——武道士子，象形太极（太极十三形）第八代传承人。

刘　龙：山西大学体育学院讲师、博士学位，武家学派代表人——武道士子，象形太极（太极十三形）第八代传承人。

Elemen Joann Crusillo（乔安）：山西大学国际教育交流学院硕士研究生，武家学派代表人——武道士子，象形太极（太极十三形）第八代传承人。

序 一

上饶师范学院杨维教授撰写的《象形太极五十二势》，辛桂维副教授撰写的《象形太极十三势》和杨晓斌博士撰写的《象形太极五十二势技击法》三部专著，被人民体育出版社列入"武家学派典藏系列丛书"第一卷，这在我校体育学科建设和专业建设的历史上还是第一次，充分展现了我校象形太极的标志性研究成果。原北京体育大学党委书记、校长、博士生导师杨桦教授，欣然为本系列丛书题词——"学高为师，身正为范"，这是著名教育家陶行知先生的名言，即学识渊博才能成为他人之师，行为端正才能成为人之典范，也是上饶师范学院的校训。杨桦教授的题词寓意深刻，寄意深远。作者又嘱余作序，数次请免未得允准，只得补缀以下文字，以为序言。

杨维教授有历时10年的海外留学和高等教育教学的工作经历，至今仍在担任菲律宾卡威迪国立大学体育学的博士生导师。他从事高等教育几十年，涉猎体育哲学、体育史、民族传统体育等学科领域，学术积淀深厚，研究成果丰富。

2018年3月，杨维教授和他的科研团队，被上饶师范学院以高层次人才引进到我校体育学院，承担民族传统体育学科建设和专业建设工作，成立了"上饶师范学院武家学派研究中心"，作为江西省哲学社会科学重点研究基地——运动健康与产业发展研究中心、江西省一流体育教育专业建设重点支撑的科研机构，搭建了国际高等教育学术交流的平台。

杨维教授的武术学术研究有着深厚的家学渊源。他致力于传承家传武学——象形太极非物质文化遗产，从基本理论、功理功法、拳术内容、器械套路、实战操手和练气发劲六个方面，对理论和技术体系进行了学术梳理、挖掘整理、保护保存和重组构建，把它们精确归类到武家学派的武术技术范畴中。杨维教授按照"武"的不同历史时期及其发展脉络，把"武"进行了层级化，提出"武的层级理论"和"武家学派"简称为"武家"的概念，构建"武家学派五大体系"，提炼中国武术哲学思想体系——武家思想体系和武道精神，从兵技巧家中分离独立出来，填补了诸子百家中武家学派的空白。

上饶师范学院历经沧桑甲子，在艰难中崛起，在崎岖中攀登，在坎坷中奋进，坚守"学高为师，身正为范"之校训，"崇德尚能，正道直行"之校风，"立教有格，成化无疆"之教风，"含弘光大，学行天下"之学风。如今跨越新时代，我们将以勇锐盖过怯懦，以奋进压倒自满，保持拼搏状态，不断取得新突破、新发展、新成就，为建成省内外有较大影响的地方性、师范性、应用性大学——上饶师范大学而不懈努力。在这一过程中，我们热切期待我校教师能秉承对学术的忠诚，遵循学术成长的规律，学贵专精，尤贵宏通，不断夯实自己的学术功底，在自己的学术领域中深耕细作，不断做出优秀的学术成果，不断涌现优秀的专家学者，也祝愿杨维教授、辛桂维副教授、杨晓斌博士不断产生新的宏篇佳构。

是为序。

詹世友

2019年5月6日 于上饶师范学院

（注：詹世友，上饶师范学院校长、二级教授、博士生导师）

序 二

为贯彻落实中共中央办公厅、国务院办公厅印发的《关于实施中华优秀传统文化传承发展工程的意见》，人民体育出版社出版了"武家学派典藏系列丛书"第一卷，上饶师范学院体育学院杨维教授撰写的《象形太极五十二势》，辛桂维副教授撰写的《象形太极十三势》和杨晓斌博士撰写的《象形太极五十二势技击法》三部专著入选其中。吉首大学党委书记、校长白晋湘教授，为系列丛书题词——做体育文化人。这也是上饶师范学院体育学院的院训"情操高尚，智勇博学"的综合体现。

杨维教授秉承家传大椿堂书院武学堂文化遗产，历经从明朝天顺六年（1462年）至今557年的历史沿革，历时32年研究河中钖杨氏史料、家谱、挂画、碑刻、出土文物、祖籍陵园、祠堂等，查阅2000多种古籍珍本、善本，出资200多万保护保存家族文物古迹，收藏家族绝版文献12种。杨维教授用辩证唯物主义与历史唯物主义观点对待史实，沿着历史脉络，以家族武学文化为主线，研究领域涉及重大历史事件、名人列传、养生之道、兵戎武备、拳谱兵法、军事思想、古代兵器、军队训练、锦衣卫缉捕、蒲州大旱饥荒、五荤道农民起义、北上闯关东、天理教农民起义、北大荒开荒占草、抗日战争、解放战争、抗美援朝战争、文化大革命、全民健身等。

杨维教授在海外留学和工作10年，对上述"河中锡杨氏武学文化"的传承发展进行全面梳理、分类、归纳和总结，构建了"河中锡杨氏武学文化典藏——九大武学体系"，即大椿堂武学体系（明代）、戳脚拳体系（清代）、翻子拳体系（清代）、华拳十二路体系（清代）、象形太极体系（清代）、八形掌体系（清代）、太极跤体系（民国）、散手道体系（新中国）、武家学派体系（新中国）。并将这九大武学体系按照拳种分类，归属为武家学派武术技术范畴。

2018年3月12日，杨维教授和他的科研团队，被上饶师范学院以高层次人才引进至体育学院，承担民族传统体育学科建设和专业申报工作，成立"上饶师范学院武家学派研究中心"，作为江西省哲学社会科学重点研究基地——运动健康与产业发展研究中心、江西省一流体育教育专业建设重点支撑的科研机构，重点搭建国际高等教育学术交流的平台。

上饶师范学院体育学院坚守"情操高尚，智勇博学"之院训，"团结进取，奋勇拼搏"之院风，"以人为本，严谨求实；精细教学，精致训练；精品科研，服务地方"之理念，"以教学为中心，以学科建设为引领，以体育特色发展为优势，服务地方，争创全省一流，跃进全国地方高校中上水平"之目标。新时代、新使命、新发展、新征程，我们将以饱满的激情争做体育文化人，志存高远，厚积薄发，学高为师，身正为范，立德树人，桃李芬芳。为体育学院双一流建设而努力拼搏！

是为序。

项建民

2019年5月6日于上饶师范学院

（注：项建民，上饶师范学院体育学院院长、二级教授、硕士生导师）

前　言

西汉司马谈将前秦以来的学术流派归纳为六家，即阴阳家、儒家、墨家、法家、名家、道家，史称"诸子百家六家"。东汉班固在《汉书·艺文志》中，将先秦以来的学派归纳为十家，即儒家、道家、阴阳家、法家、名家、墨家、纵横家、杂家、农家、小说家。因小说家被视为不入流，故史称"诸子百家九家"。民国吕思勉认为"术数、方技、兵书"三略，亦可称为先秦诸子，史称"诸子百家十二家"。新中国杨维，字维子，号阜剑，源于《易经》溯流别，从兵家中的兵技巧分离出武家学派简称"武家"，史称"诸子百家十三家"。

武家学派分为武术技术、武艺技能、武学研究、武道文化和武家思想五大体系。将武的概念提升到学术流派的高度，赋予文化内涵、思想精神和人生修炼哲理，填补诸子百家空缺"武家"的空白。"武家学派典藏系列丛书"，是一项长期编辑出版武家学派代表人经典著作的中华优秀传统文化工程，记录与武有关的武术技术与拳种、武艺技能与理论、武学教育与研究、武道文化与创新、武家思想与精神等。"象形太极（太极十三形）"属于武家学派武术技术范畴，故列入本系列丛书。

为响应"全民健身国家战略"，深入贯彻落实中共中央办公厅、国务院办公厅印发的《关于实施中华优秀传统文化传承发展工程的意见》。结合党的十九大报告"新时代、新思想、新征程、新使命"的四新精神，为"全民健身国家战略"提供优质服务。

"象形太极（太极十三形）"挖掘整理和撰编工作，遵照"继承传统，古为今用；意识导引，呼吸自然；形体锻炼，攻防兼顾"二十四字方针，确立挖掘整理"象形太极（太极十三形）"的基本思路。

第一，进行了大量文献、史料的考证与检索及"象形太极（太极十三形）"的挖掘工作，先后整理出象形太极十三路、象形太极五十二势、象形太极十三势等拳术器械及其实战操手方法，构建了"象形太极（太极十三形）核心价值体系"。

第二，在此基础上根据运动处方基本原则，提炼创编完成了"象形太极养生功"。全套共由十五势组成，分为上下两段，定步和活步相结合，每势动作左右对称，象形取意益寿延年。

第三，为集思广益召开了"象形太极（太极十三形）"理论与实践公益讲座和观摩研讨会，有关专家、研究员、学者作了精彩的专题发言，并提出了中肯的意见和建议。

第四，对"初稿"进行了认真修改，在上饶师范学院、山西大学和全国37家象形太极拳传承基地开展教学实验，重点对运动特点、适应人群、运动强度、运动频率、持续时间、辅助运动、注意事项、冲（挥）击力度、太极跤、关节擒拿、穴位点打、八法八击等进行检测，并进一步征求专家、研究员和学者的意见，结合试验情况对"二稿"再次进行修改。进一步突出"象形太极（太极十三形）"健身与攻防兼顾的特点，使其更加具有科学性、系统性、健身性、实用性和推广性。

第五，筛选出"武家学派典藏系列丛书"第一卷，即《象形太极养生功》《象形太极十三势》《象形太极古传戒尺剑》《象形太极五十二势》和《象形太极五十二势技击法》5册。

"武家学派典藏系列丛书"第一卷的出版，体现了中华优秀传统文化古代哲学"天人合一论"的思想内涵。深入挖掘中华优秀传统文化——武家学派蕴含的思想观念、人文精神、道德规范，结合新时代要求继承、创新与发展，让中华文化展现出永久魅力和时代风采。

《武家学派典藏系列丛书》
编委会
2019年10月1日国庆节

象形太极（太极十三形）赋

杨 维

十三形，源于三丰，古武当盛名。始传承，飞狐杨景，天理教将领。
学无名，交流友情，太极十三形。鸟飞鸣，五禽仿生，鹤燕鸡鹞鹰。
越山岭，龙蛇猴精，虎豹马狮熊。龙兴风，云雾升腾，探爪显奇能。
蛇盘顶，昼出夜行，吐信毒液清。燕玲珑，衔泥巢营，掠水捉蚊虫。
猴精灵，闪转攀升，狡猾成习性。虎大虫，扑食猛冲，咬定不放松。
豹凶猛，抓咬喉咙，胆大心智明。马受惊，竖蹄抱胸，劲草撑疾风。
鸡腿蹬，连环无缝，抓心不发声。鹤力挺，鸣歌舞莺，两膀翅不停。
熊如钟，食草苔青，膀靠力锵铿。狮隐形，撕咬脖颈，润育细无声。
鹰眼惊，遨游苍穹，利爪抓肉中。鹞翻腾，穿梭林丛，浑身铁骨铮。
悬明镜，沐手恭请，诏世拳术经。维子正，仁义智勇，功过后人评。

（注：杨维，字"维子"，号"阜剑"，河中飏杨氏二十四世嫡孙，象形太极（太极十三形）第七代传承人，上饶师范学院武家学派研究中心主任，博士、三级教授、博士生导师）

2018年10月22日于上饶师范学院

目 录

第一章 历史渊源 ……………………………………………（1）

第一节 出自古武当山 ………………………………………（1）

第二节 相关历史佐证 ………………………………………（2）

第三节 杨景大师墓志 ………………………………………（4）

第四节 血统传承谱系 ………………………………………（5）

第五节 核心价值体系 ………………………………………（6）

第六节 发展现状调查 ………………………………………（7）

第七节 简明问答45例 ……………………………………（11）

第二章 基本情况概述 ………………………………………（30）

第一节 名称由来与八法 ……………………………………（30）

第二节 演练风格与要点 ……………………………………（32）

第三节 技术特点与要求 ……………………………………（37）

第四节 内在与外形要论 ……………………………………（43）

第五节 练习程序与内容 ……………………………………（45）

第六节 基本手型与步型 ……………………………………（47）

第三章　阴阳五行学说 ……………………………………（ 58 ）

第一节　阴阳学说 ………………………………………（ 58 ）
第二节　阴阳的基本概念 ………………………………（ 59 ）
第三节　阴阳学说的基本内容 …………………………（ 61 ）
第四节　阴阳学说在中医学中的应用 …………………（ 67 ）
第五节　五行学说 ………………………………………（ 73 ）
第六节　五行的基本概念 ………………………………（ 74 ）
第七节　五行学说的主要内容 …………………………（ 75 ）
第八节　五行学说在中医学中的应用 …………………（ 81 ）

第四章　歌诀及释义 …………………………………………（ 92 ）

第一节　总歌 ……………………………………………（ 92 ）
第二节　意识诀 …………………………………………（ 93 ）
第三节　形体诀 …………………………………………（ 94 ）
第四节　呼吸诀 …………………………………………（ 96 ）
第五节　五心经论诀 ……………………………………（ 97 ）

第五章　动作图解及要领 ……………………………………（101）

第一节　起势 ……………………………………………（101）
第二节　赤龙搅水 ………………………………………（109）

第三节　白蛇吐信……………………………………（113）

第四节　燕子衔泥……………………………………（117）

第五节　灵猿摘果……………………………………（121）

第六节　猛虎扑食……………………………………（126）

第七节　野豹穿林……………………………………（131）

第八节　悬崖勒马……………………………………（136）

第九节　金鸡独立……………………………………（141）

第十节　仙鹤探路……………………………………（146）

第十一节　黑熊抱树…………………………………（150）

第十二节　狮子滚球…………………………………（155）

第十三节　雄鹰展翅…………………………………（160）

第十四节　鹞子翻飞…………………………………（166）

第十五节　收势………………………………………（171）

附录　象形太极拳传承谱系及专家述评……………（178）

一、象形太极拳传承谱系……………………………（178）

二、"象形太极十三势"专家述评……………………（179）

参考文献………………………………………………（182）

后记……………………………………………………（186）

第一章　历史渊源

本章主要介绍历史渊源，从出自古武当山、相关历史佐证、杨景大师墓志、血统传承谱系、核心价值体系、发展现状调查、简明问答45例七部分内容进行研究和论述。这些都是象形太极拳的基础知识，了解和掌握这些知识对深入学习象形太极十三势提供理论支撑。

第一节　出自古武当山

太极拳是国家级非物质文化遗产，是以中华传统儒家文化、道家文化中的太极、阴阳等哲学理念为思想，集修身养性、强身健体、技击对抗等多功能于一体，结合易经五行变化、中医经络学说、养生导引吐纳术，综合形成的一种内外兼修、柔和缓慢、轻灵飘逸、刚柔相济的中华优秀传统文化。太极拳包括武当玄门太极拳、武当三丰太极拳、武当龙门太极拳、象形太极（太极十三形）、陈式太极拳、杨式太极拳、吴式太极拳、武式太极拳、孙式太极拳、赵堡太极拳、大内（宫廷）太极拳、和式太极拳、东岳太极拳等分支流派，均属于武当武术范畴。

古武当山，位于河北省邯郸武安市西北的太行山深处，距离邯郸市70公里。山顶有一块唐代古石碑记载："由隋唐而还至于我，此古武当山也。"[1]（图1-1）。古武当山海拔1437.7米，主峰极顶处建有"真武古庙"，庙内供奉道教大神"真武大帝"[2]和太极宗师"张三丰"[3]，是张三丰的传道场所（图1-2）。象形太极（太极十三形）就出自这座古武当山太极张三丰的道场，是一种传统的古老太极拳。

图1-1

图1-2

第二节 相关历史佐证

《满州饧杨氏家谱》[4]记载:"杨景继承祖训,隐传天理教为将,相互授受,交流拳法,各习其所长……嘉庆二十五年(1820年)杨景始传十三形,此后子(儿子)进功(杨进功)称"杨氏十三形"。(图1-3)

清末农民起义天理教将领象形太极
（太极十三形）始传人杨景大师画像

图1-3

保定市地方志办公室撰编之《蠡县志·蠡县人物》[5]记载："蠡县戳脚名家刘观澜，出身武术世家。清道光八年（1828年）与其兄攀贵、其弟俊杰、张村高擎天、前刘市魏老方等人，跟随武术大师冯克善、杨景、唐有义学习戳脚（文武十八趟，内含八十一腿）、太极十三形、地躺拳，成为武术名家……"

河北省武术协会科研委员会审定、河北人民出版社出版（1983年8月第1版）、刘景山演述的河北武术丛书《戳脚》[6]记载："1820年后赵老灿传戳脚，杨景传太极十三形，唐有义传地行拳（地躺拳）。"

《石家庄市武术简史》[7]记载："象形太极（太极十三形），是清末农民起义天理教将领杨景所传，创以何年不太详。"1985年中华全国体育总会河北省分会发文，关于组织武术《拳械录》《技术录》的相关通知，保定的"短拳""戳脚枪""太极十三形拳""八闪翻"入选。

全国体育院校教材委员会审定、人民体育出版社出版、2005年1月第3次印刷的《体育院校通用教材——中国武术教程》（上册）[8]第302页记载，关于戳脚的渊源可追溯到成书于元末明初时的《水浒传》[9]，其中有武松使用"玉环步鸳鸯脚"醉打蒋门神之说。近可考证到清嘉庆末年（1813年）冀鲁豫一带爆发天理教农民起义，作为农民起义领袖之一的冯克善及其部将杨景、唐有义起义失败后被捕，后越狱匿于河北饶阳一带，传拳授艺达二十余年。冯克善化名赵灿章，门人尊称赵老灿，在传拳过程中以原来的八趟金刚架、八趟金刚捶、六合根等套路为基础，创编出后人誉为"北腿之杰"[10]的戳脚，并逐渐完善为文九、武九共十八趟基本套路，以及甲子捶、三拦手、小力士拳和燕青拳等器械套路。

第三节 杨景大师墓志

2018年5月3日，河中饧杨氏二十四世嫡孙杨义、杨维，在中国象形太极故乡——黑龙江青冈（德胜镇隆胜村阮兽家屯南二里），重修"河中饧杨氏墓地"撰文碑记，镌刻《清末农民起义天理教将领——杨景墓志铭》[11]原文如下。

杨景，名信，河中饧杨氏十八世嫡孙，曾祖父延业；祖父吉兴，祖母孙氏；父亲士朝，母亲李氏；配张氏，子三：见功、俊功、进功；孙男五：平、忠、有、荣、仪。

乾隆五十四年生于北疆霍家窝棚（王宝屯），嘉庆十一年娶妻张氏。十七年于德州邂逅冯克善，为部将教交流拳法，称海丰杨家庄杨景（绰号飞狐）。十八年天理教爆发，于献县被俘，不日唐有义余部劫杨景、唐有义越狱。二十五年赵老灿伪称杨景、唐有义师傅，以冯克善名于饶阳、深县、蠡县、固安等地一村授一拳，如戳脚、翻子拳、太极十三形、华拳十二路等，常潜入京制造混乱，窃皇戚财宝玉器济贫徒，屡遭围剿。唐有义卒于京，赵老灿远去峨眉。

道光十五年杨景潜回北疆，生活俭朴，寡言少往，子时必武十余载，将冯八方步融阴阳八卦，快慢相间偶有劲发，内炼金丹，外练铁掌。咸丰元年杨景携子进功于柞树岗北开荒占草，遭遇狼群，八掌击狼五死三伤。靠"袖里吞金"之术，与阮家、冯家共建"阮兽家屯"，子时习武不辍，名"杨氏八卦铁砂掌"[12]，与祖父吉兴并称"铁八卦"。咸丰五年，杨景卒阮兽家屯。曾孙杨文才简称为"杨氏八卦掌"[13]，讲究"步走八方，暗腿下藏；掌法开道，正隅收放；贴身摔拿，相济柔刚；掌法独特，劲力弛张"。二十四世杨维申报县级非遗时，改称为"杨氏八形掌"[14]，按地域分类将此拳归"古武当太极"系列，被青冈县人民政府批准为"县级非物质文化遗产"。

铭曰：景本名信，河中饧杨，出生北疆，王宝屯方。邻有好女，十七聘张，二十又三，返鲁寻访。德州邂逅，拳友克善，反清复明，入教为将。相互授受，交流拳法，起义失事，献县俘伤。越狱逃出，辗转饶阳，一村一拳，蠡县赵庄。景传戳脚，翻子华拳，十三形状，源古武当。常顾宫廷，盗银窃宝，周济贫徒，四处打赏。清兵围捕，远遁还乡，陋室寡言，揣悟思偿。携子北上，蛮地开荒，群狼围墙，背靠妻张。进功机警，断树为棒，景出八掌，五死三伤。袖里吞金，土地丈量，阮冯与杨，建屯设场。饧杨景创，八卦铁掌，步走八方，暗腿下藏。掌法开道，正隅收放，贴身摔拿，相济柔刚。风格独特，劲力弛张，咸丰五年，卒于象乡。曾孙文才，六十四掌，丁酉庚戌，丙申论商。县级非遗，杨氏掌法，八大象形，相得益彰。天理教领，五虎上将，绰号飞狐，智勇双囊。避难青冈，相伴猛象，呜呼哀哉，永放光芒。

第四节 血统传承谱系

象形太极（太极十三形）出自古武当太极张三丰，是一种传统的古老太极拳。嘉庆十七年（1812年）河中饧杨氏十八世嫡孙杨景，在德州邂逅天理教首领冯克善，为其部将，在离卦只系中各派高手相互授受交流拳法，杨景学得太极十三形，具体学于何人不详，只知道此拳创自古武当山太极张三丰。这里所列象形太极（太极十三形）始传人杨景血统传承谱如下。

创始人：此拳为古武当山太极张三丰所创，历经数代传承至天理教离卦支系高手"无名氏"，已无法考证。

第一代：杨景[15]，名信，乾隆五十四年（1789年）出生于松江（黑龙江）省兰西县霍家窝棚（王宝屯），河中饧杨氏十八世嫡孙。嘉庆二十五年（1820年），杨景始传象形太极（太极十三形）。子三：见功、俊功、进功。

第二代：杨进功[16]，道光十七年（1837年）出生于松江（黑龙江）省兰西县霍家窝棚（王宝屯），河中饧杨氏十九世嫡孙。杨进功称此拳为"杨氏十三形"。子五：平、忠、有（出家修道）、荣、仪。

第三代：杨忠[17]，同治三年（1864年）出生于松江（黑龙江）省青冈县四区阮兽家屯，河中饧杨氏二十世嫡孙。传子三：文才、文喜、文成。

第四代：杨文才[18]，光绪十八年（1892年）出生于松江（黑龙江）省青冈县四区阮兽家屯，河中饧杨氏二十一世嫡孙。杨文才把"象形太极（太极十三形）五十二势"简化成"象形太极（太极十三形）十三势"。传子一：生。

第五代：杨生[19]，中华民国八年（1920年5月）出生于松江（黑龙江）省青冈县四区阮兽家屯，河中饧杨氏二十二世嫡孙。传子一：乃文。

第六代：杨乃文[20]，中华民国二十五年（1937年11月5日）出生于黑龙江省青冈县德胜乡阮兽家屯，河中饧杨氏二十三世嫡孙。传子三：义、清、维。传女二：春凤、春艳。

第七代：杨维[21]，1967年11月27日出生于黑龙江省青冈县德胜乡阮兽家屯，河中饧杨氏二十四世嫡孙。传子二：晓斌、晓龙。传女二：洋、香杉。

第五节 核心价值体系

象形太极（太极十三形）核心价值体系，包括基本理论、功理功法、拳术内容、器械套路、战略战术和练气发劲六个部分。

第一部分，基本理论体系形成发展，是象形太极（太极十三形）的思想核心。包括太极八卦论、象形太极拳论、飞禽走兽论、正隅收放论、飞狐套狼论、袖里吞金论六大基本理论。

第二部分，功理功法体系相互融合，是象形太极（太极十三形）的根基所在。包括桩架变换法、桩步变位法、眼观六路法、耳闻八方法等。

第三部分，拳术内容体系传承创新，是象形太极（太极十三形）的技术核心。包括十三路、五十二势、十三势等。

第四部分，器械套路体系传承推广，是象形太极（太极十三形）的时代需要。包括戒尺剑、乾坤扇（蒲扇）、棒槌棍等。

第五部分，战略战术体系综合运用，是象形太极（太极十三形）的技击法宝。包括五字诀、拳谱七诀、二十四夺命手、四十八种手法变化等。

第六部分，练气发劲体系内在底蕴，是象形太极（太极十三形）的能量源泉。包括呼吸练气、运气发劲等。

第六节　发展现状调查

道光十五年（1835年），杨景潜回北疆，将十三路古谱单操手的每一路抽出4个典型的代表动作，构成"杨氏十三形五十二势"。象形太极（太极十三形）从1820年传承至今已有199年，流传于河北、山东、吉林、黑龙江等北方地区。由于受到时间空间、地域环境、文化素养、思想意识和其他拳种的渗透等多种因素影响，形成戳脚太极十三形、古武当太极十三形、杨氏十三形、太极十三形等，演练风格、技术结构、动作名称各异的分支流派。

一、纪念杨景大师仙逝162周年

2018年1月26日，由青冈县武术协会主办"纪念杨景大师仙逝162周年"活动，在青冈县德胜乡阮兽家屯"河中饧杨氏墓地"举行。在鞭炮齐鸣声中，青冈县武术协会秘书长王秀伟主持祭奠活动，杨景第七代血统传人杨义（黑龙江）、杨维（安徽），第八代血统传人杨晓斌（贵州）；杨景古武当太极十三形第五代传人李景宽（吉林）、第六代传人郭仕昌（吉林）、侯廷胜（辽宁）、徐云浩（吉林）、杨恩松（吉林）、潘飞（吉林）；青冈县武术协会领导王彦文、孙德江、姚树斌、于德芹、韩少波、那庆福、都洪达、冯忠君；"河中饧杨氏"家族及亲朋好友和青冈县体育运动管理中心领导60多人参加祭奠活动。

二、杨景武术文化遗产论证会

2018年1月27日，由青冈县体育运动管理中心主办，青冈县武术协会承办"杨景武术文化遗产论证会"，在青冈县体育局三楼会议室举行。出席论证会的领导和嘉宾有：青冈县体育运动管理中心副主任潘冬、孙树春，杨景第七代传人杨维（安徽），杨景古武当太极十三形第五代传人李景宽（吉林），杨景古武当太极十三形第六代传人郭仕昌（吉林）、侯廷胜（辽宁）、徐云浩（吉林）、杨恩松（吉林）、潘飞（吉林）；青冈县武术协会领导王彦文、孙德江、邹德福、姚树斌、于德芹及青冈县非物质文化遗产——杨氏八形掌传人60多人，论证会由青冈县武术协会秘书长王秀伟主持。

青冈县体育运动管理中心副主任潘冬做指导性讲话，他说："杨景是我县最早的开荒者，也是我县武术的开拓者，他是清末农民起义天理教将领，河中饧杨氏第十八代嫡孙。杨景武术文化遗产的研究、论证、挖掘、整理、继承、创新、发展，已纳入我县体育工作计划，打造杨景武术文化品牌，为助力我县"全民健身"和申请"全国武术之乡"服务。"

杨维教授做了"杨景武术文化遗产论证报告"，包括杨氏戳脚拳、杨氏翻子拳、杨氏华拳十二路、杨氏十三形和杨氏八形掌五大核心技术体系。杨景所传杨氏十三形、古武当太极十三形、杨氏八形掌，均属于古武当太极系列。随后杨景武术文化遗产的传人们做了精彩的展演，杨维（安徽）以三种不同风格表演了"杨氏八形掌十六势""杨氏十三形五十二势"，潘飞（吉林）表演了古武当太极十三形盘球功，杨恩松（吉林）表演了古武当太极十三形乾坤圈，郭仕昌（吉林）表演了古武当太极十三形铁尺，徐云浩（吉林）表演了古武当太极十三形老架第一路，李景宽（吉林）表演了古武当太极十三形老架第五路。

三、五常市非物质文化遗产名录

2018年4月28日，黑龙江省五常市人民政府公布《五常市非物质文化遗产名录》，2017年度经我市文化广电局组织挖掘、整理，并通过有关专家综合评审论证，共有10项传统文化录入为五常市级非物质文化遗产名录。即满语传承、满族刺绣、满族祭祖、满族建筑彩绘、满族游戏、满族剪纸、满族盘酱、朝鲜族四物乐、象形太极拳等。至此，我市非物质文化遗产项目增至37项。其中，国家级项目1项；黑龙江省级项目4项；哈尔滨市级项目17项；五常市县级项目15项。其中，象形太极拳被五常市人民政府批准为县级非物质文化遗产，代表性传承人姜伟。

四、杨景大师立碑仪式

2018年5月3日，杨景大师立碑仪式在黑龙江省青冈县德胜镇龙胜村阮兽家屯南二里"河中饧杨氏墓地"举行。立碑仪式由总部秘书长黄剑君主持，青冈县体育运动管理中心、德胜镇人民政府、龙胜村委会、青冈县全民健身指导总站、青冈县老年人体育运动协会、青冈县武术协会、杨景武术文化遗产研究会等领导及来自全国各地杨景武术文化遗产传人近200人参加。

五、统称象形太极（太极十三形）

2018年10月8日，河中饧杨氏二十四世嫡孙，上饶师范学院武家学派研究中心主任杨维教授，将戳脚太极十三形、古武当太极十三形、杨氏十三形、太极十三形等古传不同形式的十三形，统称为"象形太极（太极十三形）"。

六、象形太极十三形立项

2018年11月6日，"象形太极十三形"被上饶师范学院批准为2018年重点建设课程立项，课题经费2.6万元，课题负责人杨维，课题组成员辛桂维、杨晓斌、葛香杉，研究成果《象形太极经典教程》。

七、授权全国37家象形太极拳传承基地

2018年12月2日，杨维教授在上饶师范学院举行"象形太极拳理论与实践公益讲座"，上饶师范学院武家学派研究中心向全国授权37家"象形太极拳传承基地"。

八、纪念杨景大师仙逝163周年

2019年1月19日，在黑龙江省青冈县德胜镇隆胜村阮兽家屯南二里"河中饧杨氏墓地"，举行"纪念象形太极（太极十三形）杨景大师仙逝163周年"活动。会议由青冈县武术协会主席王秀伟主持，青冈县能源局副局长葛福金宣读"青冈武术名人录——杨景大师简介"，绥化市武术联合会主席潘跃喜致辞，河中饧杨氏二十四世嫡孙象形太极（太极十三形）代表性传承人杨维教授致答谢词。

纪念活动由青冈县武术协会主办，杨景武术文化遗产研究会承办，来自江西上饶、内蒙古扎赉特旗、山西太原、雄安新区、黑龙江五常、黑龙江鸡西、黑龙江五大连池、黑龙江大庆、黑龙江齐齐哈尔、黑龙江绥化、黑龙江兰西、黑龙江青冈等地共128人参加。

九、大学体育象形太极课程发展研究立项

2019年8月13日，"大学体育象形太极课程发展研究"被批准为2019年中国体育科学学会"高校体育与健康教育课程建设专项课题"，课题负责人杨洋，课题组成员为杨维、李金龙、刘映海、辛桂维、杨晓斌、葛香杉、刘龙。立项课题由人民邮电出版社资助1.5万元，研究成果为《象形太极拳教程》。

十、象形太极拳圣道大礼

2019年10月2日，在象形太极（太极十三形）发源地——河北武安古武当山张三丰圣像前，举行"杨维教授第一批象形太极拳入门弟子拜师仪式"。圣道大礼由总部秘书长黄剑君主持，总部商会执行主席林进文为监拜人，象形太极拳第八代传承人杨洋博士、刘龙博士等现场见证。

参加"圣道大礼"的入门弟子有姜伟YJ0801（黑龙江）、邱世禄YJ0802（浙江）、晋云建YJ0803（四川）、朱磊博士YJ0804（浙江）、Elemen Joann Crusillo乔安硕士YJ0805（菲律宾）5人，载入象形太极拳传承谱第八代。象形太极拳第七代传承人杨维教授，为5名弟子颁发了"入门弟子证

书"，授权在当地申请"象形太极拳非物质文化遗产"，并作为传承人逐级申报市级、省级和国家级非物质文化遗产。

十一、武家学派典藏系列丛书——象形太极（太极十三形）出版

2019年12月，武家学派典藏系列丛书——象形太极（太极十三形）5册，即象形太极养生功（杨维主编，杨洋著）、象形太极十三势（杨维主编，辛桂维著）、象形太极古传戒尺剑（杨维主编，刘龙著）、象形太极五十二势（杨维主编，杨维著）和象形太极五十二势技击法（杨维主编，杨晓斌著），由人民体育出版社出版发行。

综上所述，象形太极（太极十三形）在新时代背景下与时俱进，以恢复中华优秀传统文化为己任，在继承中创新、在创新中发展，不断锐意进取为全民健身国家工程做出贡献。

第七节　简明问答45例

1. 清代河中饧杨氏有哪些武职官员？

答：《河中饧杨氏家谱》（清朝版）记载："锦衣卫正千户杨理（康熙）、武举侯选千总杨珙（康熙辛丑）、武生杨有滋（康熙）、武生杨发滋（康熙）、武生杨必滋（康熙）、武生杨学诚（雍正）、武师杨延业（康熙）、武师杨吉兴（乾隆）、武师杨景（道光）。"

2. 杨延业什么时期离开蒲州？

答：康熙中后期，黄河流域水灾、旱灾频发，尤以蒲州旱灾、蝗虫为重，颗粒不收，人相食，河中饧杨氏部分后裔再次迁居。这一时期十五世裔孙杨延业不忍骨肉相残，为求生存无目标乞讨苟活。据老人们讲，杨延业逃荒至山东吴定府海丰县，入教派才存活下来。老人们说的"吴定府"应该是口误谐音，实际上是"武定府"海丰县，今山东滨州市无棣县。"入教派"指的是清朝康

熙初年，山东单县刘佐臣在白莲教基础上，发展起来的民间教派——五荤道。

3. 杨延业阴阳八卦掌学自何人？

答：五荤道是白莲教的一个分支，康熙初年山东单县刘佐臣所创，以八卦收众徒。康熙中后期刘佐臣之子刘儒汉接掌五荤道，所收之徒仍按照八卦顺序分门别类，各卦设头目一人，称为"卦长"，左右干支为二人，以下具为散徒。杨延业逃荒到山东武定府（滨州）海丰县（无棣）杨家庄时，为了生存加入了"五荤道"成为一名"散徒"，具体是哪一个支卦并无记载。杨延业在"五荤道"当散徒时，为反清复明斗争的需要，向"五荤道"内部高人学习了"阴阳八卦掌"，师承谱中并无记载学于何人。不过，可以肯定"阴阳八卦掌"早在董海川（公元1797—1882年）出生100年之前就已经存在，至少在康熙中后期已经在"五荤道"内部传习了。而杨延业阴阳八卦掌与董海川八卦掌是截然不同的两回事，阴阳八卦掌既不走趟泥步也不走圈，而是八个不同方向的左右对称掌法套路组合。

4. 杨延业为什么又到山东登州府海城县？

答：杨延业在山东无棣县居住多久，谱中也无记载。但为"传道"需要和逻辑推理应该不超过三年，就被派往山东登州府海城县从事反清复明斗争。《河中饧杨氏家谱》（清朝版）卷四记载："后居顺天府北，登州海城，葬于此者。"

经查，明朝天启二年（1622年），朝廷在山东登州府（蓬莱）设登莱巡抚，以加强山东半岛及辽东半岛军政事务管理。蓬莱民谚所说"金复海盖，辽阳在外"，是指当时登莱巡抚，在辽东半岛的管辖范围，即今天的大连市金州区、复州（今瓦房店市）、海城市、盖州市一带。也就是说，辽东半岛的金州、复州、海城、盖州等地当时都属于山东登州府管辖。据老人们讲，杨延业从海丰初到海城时，借宿在一佃户家里"传道"。由于庄稼欠收，地主逼迫嫁女抵租，佃户不肯遭抢亲，延业出手伤及地主家丁十余人。地主见遇高人，重金聘为"镖爷"，佃户亦将女儿许配给了延业。此后在海城定居，育有三子：吉兴、吉旺和吉臣。几十年后，延业卒，葬于海城。

5. 杨吉兴为什么江湖人称"铁八卦"？

答：乾隆中期海城大灾，杨吉旺留守海城，守父延业坟茔。杨吉兴和杨吉臣北上闯关东寻找栖身之地，杨吉兴至松江（黑龙江）霍家窝棚（兰西王宝屯），配孙氏，子二：士朝和士孔。杨吉臣配张氏，子三：士温、士孟和士贤，北上途中走失，不知所踪（疑似吉林白城）。据老人们讲，杨吉兴闯关东是一路打杀过来的，经常遇见土匪、胡子等为非作歹之人，被抢、被杀的事时有发生，吉兴总能"唇点"摆平这些人。因此，江湖人称"铁八卦"，意思是说用铁掌打人不超过八下，"道"上影响力很大。旧社会靠拳脚功夫就是"本事"，能保家庭平安倍受人们尊敬，江湖上绿林好汉也都敬畏三分。

6.《诏世拳术训谱》记载哪些内容？

答：《杨吉兴古拳谱论》（清朝刻本），是抄录《杨瑶武学训导录》（明朝刻本）及《介石楼稿·大椿堂拳谱秘要》（明朝刻本）的内容，并在此基础上续写后人的武学成就之作。《诏世拳术训谱》记载："诏世训，世传八卦掌，亦唤阴阳八卦掌也。铁砂掌者，出少林，祖吉兴合习。"吉兴自幼嗜武，习家传武艺，武功卓著，将所学记录成《诏世拳术训谱》。谱中记有祖训、胎教、幼儿教育、家谱、杨瞻养生之道、杨瑶武学训导录、杨博拳法十八式、杨俊民兵器谱、杨俊卿锦衣卫拳法等。

7. 为什么说杨吉兴是江湖人士？

答：从《杨吉兴餐桌六绝十八击歌诀》中可以看出，杨吉兴对江湖中的规矩、礼数和自卫等颇有经验。

歌诀云：

> 餐桌来交手，分清敌和友；仇敌莫想走，朋友紧连手。
> 竹筷握手中，擒敌先擒首；上点敌双球，下插心窝厥。
> 阴阳合一把，上下稍不休；起手酒瓶打，敌首鲜血流。
> 碟碗好帮手，砍头两颈求；倘若持兵器，桌凳手中留。
> 敌若飞身走，碗筷做镖头；吉兴江湖游，应急求自救。

8. 象形太极（太极十三形）源于何处？

答：象形太极（太极十三形）源于古武当山太极张三丰。古武当山坐落河北省武安市西北的太行山深处，始建于唐代贞观年间，山顶有唐代石碑记载着"古武当山"，为张三丰传道场所之一。由于此拳从张三丰传到杨景，中间师承脉络无法考证，查找历史文献关于此拳的文字记载，得知为清末农民起义天理教将领杨景始传。又因咸丰元年（1851年）杨景北上柞树岗（青石岗）北开荒占草建屯，光绪三十年（1904年）清政府才设立青冈县。因此，黑龙江省青冈县是名符其实的象形太极拳故乡。

9. 杨景象形太极（太极十三形）学自何人？

答：杨景又名杨信，河中汤杨氏十八世嫡孙，乾隆五十四年（1789年）生于北疆霍家窝棚（兰西王宝屯），嘉庆十一年（1806年）娶妻张氏。嘉庆十七年（1812年）在德州邂逅天理教离卦首领冯克善，因武结缘相谈甚欢成为冯克善部将。天理教离卦支系素以"武功卓著而闻名"，教内各派武林高手云集，相互交流拳法取长补短，目的是增强反清复明的战斗力，期间杨景学得太极十三形，后人只知道创于张三丰，具体学于何人不详。

10. 杨景参加天理教为何报名号山东武定府海丰县杨家庄？

答：杨景曾祖父杨延业从山西蒲州逃荒到山东武定府海丰县杨家庄，为了生存加入五辇道得学"阴阳八卦掌"。这是杨景曾祖父杨延业曾经居住过的地方。天理教是反清复明组织，在封建社会是大逆不道的逆天大罪，诛九族千刀万剐无恶不赦的，也就是"反贼"，凡是有一点智商的人都不会报号真名实姓。所以，杨景报名号山东武定府海丰县杨家庄，杨景是他本人的小名，大名叫杨信。

11. 杨景在河北哪些地方教过象形太极？

答：嘉庆十八年（1813年）天理教爆发，杨景于河北献县被俘，不日唐有义余部劫杨景、唐有义越狱（冯克善是否被偷梁换柱，说法不一）。嘉庆二十五年（1820年）赵老灿（赵老灿与冯克善是否为同一人，说法不一）伪称杨景、唐有义师傅，以冯克善名义在河北饶阳、深县、蠡县、固安等地一村授一拳，如戳脚、翻子拳、太极十三形、华拳十二路等，此时开始传授象形太极（太极十三形）。道光八年（1828年）蠡县赵锻庄刘家请赵老灿（是否是冯克善有待考证）、杨景、唐有义传授刘家三兄弟刘攀贵、刘观澜、刘俊杰，还有张村高擎天、前刘市魏老方等人，赵老灿传戳脚，杨景传象形太极（太极十三形），唐有义传地躺拳。道光十五年（1835年）后，因躲避清政府搜捕，杨景在黑龙江省兰西县霍家窝棚、青冈县阮兽家屯杨家内部传授，并没有对外公开。

12. 杨景为什么绰号叫飞狐？

答：赵老灿（疑似冯克善）、杨景、唐有义三人在蠡县赵锻庄刘家传拳期间，经常黑衣蒙面夜行，潜入京都翻墙越脊飞檐走壁，制造清政府宫廷混乱，盗窃皇亲国戚金银财宝、珍珠玉器、玛瑙等，周济贫困众徒，清政府屡次围剿未果，江湖人称绰号"飞狐"，直至今日杨家仍然有身穿夜行衣（黑色）、子时习武等规矩。道光十五年（1835年）唐有义卒于北京，赵老灿远走峨眉，杨景潜回北疆。

13. 刘观澜东北传拳是否在寻找师父杨景？

答：清道光、咸丰年间，刘家有官人在沈阳为官，刘观澜投亲传拳毋庸置疑。但是，道光十五年（1835年），杨景已经潜回北疆。而后刘观澜从河北蠡县——辽宁沈阳——吉林长春——黑龙江哈尔滨，一路传拳到哈尔滨。可见，刘观澜赴东北的目标很明确就是要到哈尔滨，为什么一定要到哈尔滨呢？这就是问题的关键所在，刘观澜一边传拳一边在寻找师父杨景，也就是说杨景在河北蠡县刘家传拳期间或临走时，有意或无意间透漏过去向。可惜，刘观澜只差65公里即可到兰西，差116公里到达青冈，最终寻找师父杨景未果。

14. 杨景是青冈武术第一人吗？

答：咸丰元年（1851年），清政府派屯官来青冈择地开垦，沿通肯河右岸建立了六大屯。杨景唯恐被清政府再次围剿，带领三子杨进功从霍家窝棚（兰西）到柞树岗北又称青石岗北（青冈）"开荒占草"遭遇狼群，八掌击狼五死三伤，靠"袖里吞金"之术，与阮家、冯家、马家共建"阮兽家屯"，成为有历史记载的"青冈武术第一人"。因为阮家人口多、势力大，故以阮家命名，又因此地荒无人烟四季分明，水草肥沃，泉水叮咚，是各种野兽经常出没的地方，所以叫"阮兽家屯"。后来，阮家连续几代人从事兽医行业，人们就称为——"阮兽医屯"。

15. 杨景武术文化遗产包括哪些？

答：道光十五年（1835年），杨景（绰号飞狐）潜回北疆，在饧杨氏家族内部传授戳脚拳、翻子拳、十三形、华拳十二路、八形掌等。为区别这些拳种的其他流派，其子杨进功在这些拳种的前面以"杨氏"命名，即杨氏戳脚拳、杨氏翻子拳、杨氏十三形、杨氏华拳十二路、杨氏八形掌等，历经七代人传承至今，现已流传黑龙江、吉林、辽宁、河北、山东、北京、江西、浙江、四川等地。

16. 象形太极（太极十三形）有哪些历史文献记载？

答：《满州饧杨氏家谱》记载："杨景继承祖训，隐传天理教为将，相互授受，交流拳法，各习其所长……嘉庆二十五年（1820年）杨景始传十三形，子（儿子）进功（杨进功）称"杨氏十三形"。《蠡县县志》记载："蠡县戳脚名家刘观澜，出身武术世家，清道光八年（1828年）兄弟三人跟随武术大师冯克善、杨景、唐有义学习戳脚、太极十三形、地躺拳……"刘景山编著《戳脚》记载："1820年后赵老灿传戳脚，杨景传太极十三形，唐有义传地行拳（地躺拳）。"《石家庄市武术简史》记载："象形太极（太极十三形），是清末农民起义天理教将领杨景所传，创以何年不太详。"1985年中华全国体育总会河北省分会发文，关于组织武术《拳械录》《技术录》的相关通知，保定的《短拳》《戳脚枪》《太极十三形拳》《八闪翻》入选。

17. 象形太极（太极十三形）有哪些分支流派？

答：象形太极（太极十三形）从1820年传承至今已有199年，流传于河北、山东、辽宁、吉林、黑龙江等北方地区。由于受到时间空间、地域环境、文化素养、思想意识和其他拳种的渗透等多种因素影响，形成戳脚太极十三形、古武当太极十三形、杨氏十三形、太极十三形等演练风格、技术结构、动作名称各异的分支流派。

18. 象形太极（太极十三形）技术核心有哪些？

答：象形太极（太极十三形）技术体系内容，包括基本理论、功理功法、拳术内容、器械套路、战略战术和练气发劲六个部分。

第一部分，基本理论。包括太极八卦论、象形太极拳论、飞禽走兽论、正隅收放论、飞狐套狼论、袖里吞金论六大基本理论

第二部分，功理功法。包括桩架变换法、桩步变位法、眼观六路法、耳闻八方法等。

第三部分，拳术内容。包括十三路、五十二势、十三势等。

第四部分，器械套路。包括戒尺剑、棒槌棍、乾坤扇等。

第五部分，战略战术。包括五字诀、拳谱七诀、二十四夺命手、四十八种手法变化等。

第六部分，练气发劲。包括呼吸练气、运气发劲等。

19. 象形太极（太极十三形）演练风格是怎样的？

答：象形太极，仿生取意；快慢相间，刚柔相济；动作舒展，潇洒飘逸；节奏鲜明，错综有序；劲力张弛，生生不息；吐气祛浊，吞气归脐；力转于劲，足起梢迄；腰胯带劲，四肢达栖；机智敏锐，精神崛起；十三形状，形态各异。

20. 象形太极（太极十三形）技术特点是怎样的？

答：马步夹扣，三圆统筹；提膝足平，身正项冲；裹身丁八，转体过渡；脚不外撇，身不后收；旋腕翻转，粘连黏稠；手法刁钻，攻防劲求；八法八向，上下为搁；内气鼓荡，遇阻回流；招法连环，变化无穷；寸劲弹发。不紧不松。

21. 象形太极（太极十三形）周身要求有哪些？

答：头正项直，舌抵顶悬；耳聪目明，含胸拔背；凝神聚气，沉肩坠肘；呼吸均匀，缓慢归原；腰马合一，胯膝足圆；提膝足平，落地无声；周身拧

劲，进退张弛；脚不外撇，身不倾斜；翻身转体，裹身丁八；旋腕沾粘，化抓打发。

22. 杨景象形太极拳论的内容是什么？

答：杨景象形太极拳论，太极者，天地万物，太极长拳者，十三形是也，象形取意飞禽走兽，刚柔相济连绵不断。掤（斜上）、捋（向里）、挤（向前）、按（向下）、採（斜下）、挒（向外）、肘（向上）、靠（向后），此八卦方位也；挤、按、掤、靠，即乾、坤、坎、离四正方也；掤、捋、採、挒，即巽、震、兑、艮四斜角也；进（前）、退（后）、顾（左）、盼（右）、定（中），此五行也，即金、木、水、火、土也。合之则为十三势也。

23. 杨景飞禽走兽论的内容是什么？

象形太极者，十三形是也，即龙、蛇、燕、猴、虎、豹、马、鸡、鹤、熊、狮、鹰、鹞。飞禽者，燕、鸡、鹤、鹰、鹞；走兽者，龙、蛇、猴、虎、豹、马、熊、狮。《杨文才拳术谱》（民国刻本）记载："龙形在探爪，蛇形在缠绕，燕形在掠水，猴形在灵动，虎形在扑撞，豹形在穿梭，马形在怒蹄，鸡形在蹬腿，鹤形在换影，熊形在膀靠，狮形在抖毛，鹰形在锁扣，鹞形在束身。"

24. 象形太极（太极十三形）十三路是怎么回事？

答：象形太极十三路是原始的十三路古谱，象形取意模仿龙（走兽）、蛇（走兽）、燕（飞禽）、猴（走兽）、虎（走兽）、豹（走兽）、马（走兽）、鸡（飞禽）、鹤（飞禽）、熊（走兽）、狮（走兽）、鹰（飞禽）、鹞（飞禽）十三种飞禽走兽的动作形态、生活习性和搏杀技能，每一形有八势组成一个组合，十三形共一百零四势，每一形为一路拳，十三形为十三路拳，可分可合。

25. 象形太极（太极十三形）十三路第一路是龙形吗？

答：《说文解字》记载："龙，鳞虫之长，能幽能明，能细能巨，能短能长，春分而登天，秋分而潜渊。"《史记·五帝本纪》记载，黄帝在打败炎帝和蚩尤后，巡阅四方"合符釜山"。这次"合符"不仅统一了各部军令的符信，确立了政治上的结盟，还从原来各部落的图腾身上各取一部分元素组合起来，创造了新的动物形象——龙。从此，中原大地上各个部族有了共同的龙图腾，统一中华文明的历史就此开启，因而中国人都是"龙的传人"。

象形太极（太极十三形）十三路，第一路龙形主要模仿龙的幽明、细巨、长短、升腾、潜渊、探爪、游动、搅水、翻身、踏脚、龙吟等一系列动作，象形取意将龙的动作形态、生活习性和搏杀技能表现得淋漓尽致，具有较强的实用性、观赏性和健身性。

26. 象形太极（太极十三形）十三路第二路是蛇形吗？

答：蛇类以食鼠为主（也食蛙类、鸟类等），形状色泽奇特、浑身披鳞，头颈高翘、躯尾摆动、快速行进、寻偶鸣叫、泅水过渡。喜居荫蔽、潮湿、人迹罕至、杂草丛生、树木繁茂、有枯木树洞或乱石成堆、居柴垛草堆和古埂土墙，且饵料丰富的环境，这些都是它们栖居、出没、繁衍的场所，也有的蛇栖居水中。

象形太极（太极十三形）十三路，第二路蛇形主要模仿蛇的隐形、吐信、缠绕、吞食、伏草、盘踞、脱变、爬行等一系列动作，象形取意将蛇的动作形态、生活习性和搏杀技能表现得淋漓尽致，具有较强的实用性、观赏性和健身性。

27. 象形太极（太极十三形）十三路第三路是燕形吗？

答：燕属于雀类，体型小而轻捷，羽毛蓝黑色，有光泽，前胸黑褐相间，腹部乳白；两翅尖而长，尾分叉似张开的剪刀；嘴扁而短，口裂很深；飞行速度快，在飞行途中捕食蚊、蝇、蝗虫等害虫；并不断发出尖锐短促的鸣叫。

象形太极（太极十三形）十三路，第三路燕形主要模仿燕的出巢、捉虫、衔泥、掠水、斜飞、敏捷、筑巢等一系列动作，象形取意将燕的动作形态、生活习性和搏杀技能表现得淋漓尽致，具有较强的实用性、观赏性和健身性。

28. 象形太极（太极十三形）十三路第四路是猴形吗？

答：《白虎通》记述："猴，侯也，见人设食伏机，则凭高四望，善于侯者也。"侯，是等待、观望的意思。猴属于灵长类动物界最高等的类群，大脑发达，多计谋善变，狡猾欺诈；眼眶朝向前方，眶间距窄；手指和脚趾（指）分开，大拇指灵活，多数能与其他趾（指）对握，无臀善于变动。猴体形中等，四肢等长或后肢稍长，尾巴或长或短，有颊囊和臀部胼胝，营树栖或陆栖生活。主要食水果、植物的叶子、种子、坚果、花、昆虫、蜘蛛，动物的蛋和小动物。

象形太极（太极十三形）十三路，第四路猴形主要模仿猴的搬枝、灵动、摘果、献桃、戏水、瘙痒、机警等一系列动作，象形取意将猴的动作形态、生活习性和搏杀技能表现得淋漓尽致，具有较强的实用性、观赏性和健身性。

29. 象形太极（太极十三形）十三路第五路是虎形吗？

答：虎是由古时期食肉类进化而来，大型猫科动物。虎的体态雄伟，毛色绮丽，头圆，吻宽，眼大，嘴边长着白色间有黑色的硬须，长达15厘米左右，能游泳，不会爬树。颈部粗而短，几乎与肩部同宽，肩部、胸部、腹部和臀部均较窄，呈侧扁状，四肢强健，犬齿和爪极为锋利，嘴上长有长而硬的虎须，全身底色橙黄，腹面及四肢内侧为白色，背面有双行的黑色纵纹，尾上约有10个黑环，眼上方有一个白色区，故有"吊睛白额虎"之称，前额的黑纹颇似汉字中的"王"字，更显得异常威武，因此被誉为"山中之王"或"兽中之王"。

象形太极（太极十三形）十三路，第五路虎形主要模仿虎的游荡、入林、抱头、扑食、胯打、尾巴扫、跳跃、奔跑、虎啸、机警、隐蔽等一系列动作，象形取意将虎的动作形态、生活习性和搏杀技能表现得淋漓尽致，具有较强的实用性、观赏性和健身性。

30. 象形太极（太极十三形）十三路第六路是豹形吗？

答：豹头圆较大，颈稍短，四肢强壮，前肢较后肢略宽大，前足5趾，后足4趾，趾上均具灰白色锐爪。趾间、趾掌垫间长有浓密的短毛。身材矫健，动作灵活，奔跑速度快。既会游泳，又会爬树。性情机敏，嗅觉、听觉、视觉都很好，智力超常，隐蔽性强，长长的尾巴在奔跑时可以帮助豹保持平衡。豹性情孤僻，平时单独活动。白天在树上或岩洞中潜伏，黄昏时开始出来游窜，直到黎明时才休息。豹四肢矫健，动作灵活，跳跃力很强，更善于攀缘。它常常伏在树叶茂密的树叉上，待有猎物路过时，一跃而下，抱住背部，咬其喉咙，死后方就食。捕猎时还采取追猎方式：发现猎物时便隐蔽在草丛中，借助树木的掩护，轻轻地逐渐接近，潜至一定距离时，突然跃起，几经窜跳，即能捕获猎物。豹的性格非常残暴，胆子也大，敢于进攻身体较大、凶猛的动物如雄鹿、公野猪等。

象形太极（太极十三形）十三路，第六路豹形主要模仿豹的穿林、追击、奔跑、攀缘、腾跃、潜伏、捕食、撕咬、抓打等一系列动作，象形取意将豹的动作形态、生活习性和搏杀技能表现得淋漓尽致，具有较强的实用性、观赏性和健身性。

31. 象形太极（太极十三形）十三路第七路是马形吗？

答：马属于食草性动物。头面平直而偏长，耳短。四肢长，骨骼坚实，肌腱和韧带发育良好，附有掌枕遗迹的附蝉（俗称夜眼），蹄质坚硬，能在坚硬地面上迅速奔驰。毛色复杂，以骝、栗、褐色、青和黑色居多；皮毛春、秋季各脱换一次。汗腺发达，有利于调节体温，不畏严寒酷暑，容易适应新环境。胸廓深广，心肺发达，适于奔跑和强烈劳动。食道狭窄，单胃，大肠特别是盲肠异常发达，有助于消化吸收粗饲料。无胆囊，胆管发达。牙齿咀嚼力强，门齿与臼齿之间的空隙称为受衔部，装鞍时放衔体，以便驾御。

象形太极（太极十三形）十三路，第七路马形主要模仿马的奔跑、分鬃、竖蹄、扒推、蹶踢、卧槽、嘶鸣、勒马等一系列动作，象形取意将马的动作形态、生活习性和搏杀技能表现得淋漓尽致，具有较强的实用性、观赏性和健身性。

32. 象形太极（太极十三形）十三路第八路是鸡形吗？

答：鸡属于家禽类。《太平御览》："黄帝之时，以凤为鸡。"传说鸡为日中乌，鸡鸣日出，带来光明，能够驱逐妖魔鬼怪。据考，晋董勋《答问礼俗》中说：正月初一为鸡日，正旦画鸡于门。魏晋时期，鸡成了门画中辟邪镇妖之物。南朝宗懔撰《荆楚岁时记》也载有"正月一日……贴画鸡户上，悬苇索其上，插桃符其傍，百鬼畏之"。鸡头顶黄铜色，两侧有白色眉纹。

颊、喉、后颈均黑，有金属反光。颈下有一显着的白圈，所以通称为环颈雉。背部前为金黄色，向后转栗红，再后为橄榄绿，均具斑杂。尾羽甚长，主为黄褐色，而横贯以一系列的黑斑。胸呈金属带紫的铜红色，羽端具锚状黑斑；下体余部亦多斑杂。平时栖息于有草丛和树木的丘陵，严冬迁至田野间，觅食昆虫、植物种子、浆果和谷物。脚强善走，翅短，不能高飞和久飞，叫声单调而低沉。

象形太极（太极十三形）十三路，第八路鸡形主要模仿鸡的出笼、啄食、抖翎、蹬腿、上架、鸡鸣、振翅、归巢等一系列动作，象形取意将鸡的动作形态、生活习性和搏杀技能表现得淋漓尽致，具有较强的实用性、观赏性和健身性。

33. 象形太极（太极十三形）十三路第九路是鹤形吗？

答：鹤属于鸟类，又叫仙禽，长寿的象征，雌雄相伴。羽毛有黄、白、黑等色，其中以白毛的最好，长约三尺，高也有三尺多，喙长约有四寸。头顶颊部及眼睛是红色，脚部色青，颈部修长，膝粗指细。躯干部羽毛白色，而翅膀和尾部有羽毛为黑色，有的为灰色，它直达的叫声特别洪亮。鹤主要栖息在沼泽、浅滩、芦苇塘等湿地，以捕食小鱼虾、昆虫、蛙蚧、软体动物为主，也吃植物的根茎、种子、嫩芽。善于奔驰飞翔，喜欢结群生活。鹤睡眠时常单腿直立，扭颈回首将头放在背上，或将尖嘴插入羽内。

象形太极（太极十三形）十三路，第九路鹤形主要模仿鹤的独立、回头、探路、点头、亮翅、飞翔、捉食、起舞、进退等一系列动作，象形取意将鹤的动作形态、生活习性和搏杀技能表现得淋漓尽致，具有较强的实用性、观赏性和健身性。

34. 象形太极（太极十三形）十三路第十路是熊形吗？

答：熊为肉食性动物，平时还算温和，但是受到挑衅或遇到危险时，容易暴怒，打斗起来非常凶猛。熊躯体粗壮肥大，体毛又长又密，脸形像狗，头大嘴长，眼睛与耳朵都较小，白齿大而发达，咀嚼力强。四肢粗壮有力，脚上长有5只锋利的爪子，用来撕开食物和爬树。尾巴短小。熊平时用脚掌慢吞吞地行走，但是当追赶猎物时，它会跑得很快，而且后腿可以直立起来。大多数熊食性很杂，既食青草、嫩枝芽、苔藓、浆果和坚果，也到溪边捕捉蛙、蟹和鱼，掘食鼠类，掏取鸟卵，更喜欢舔食蚂蚁，盗取蜂蜜，甚至袭击小型鹿、羊或觅食腐尸。但是北极熊比较特殊，主要吃鱼和海豹。熊的视觉和听觉都不十分灵敏，但嗅觉非常发达。

象形太极（太极十三形）十三路，第十路熊形主要模仿熊的出洞、寻路、推撞、膀靠、坐窝、熊抱、直立、奔跑、撕咬等一系列动作，象形取意将熊的动作形态、生活习性和搏杀技能表现得淋漓尽致，具有较强的实用性、观赏性和健身性。

35. 象形太极（太极十三形）十三路第十一路是狮形吗？

答：狮为肉食性猫科动物，中国古代称"狻猊"。狮子体型大，躯体均匀，四肢中长，趾行性。头大而圆，吻部较短，视、听、嗅觉均很发达。狮子的头部巨大，脸型颇宽，鼻骨较长，鼻头是黑色的。狮的耳朵比较短，耳朵很圆，母狮的耳朵基本是短短的半圆，而美洲狮的耳朵则比较长，耳尖也比较尖。狮子的前肢比后肢更加强壮，它们的爪子也很宽。尾巴相对较长，末端还有一簇深色长毛。犬齿及裂齿极发达；上裂齿具三齿尖，下裂齿具2齿尖；臼齿较退化，齿冠直径小于外侧门齿高度。皮毛柔软。前足5趾，后足4趾；爪锋利，可伸缩。尾较发达。肉食，常以伏击方式捕杀其他动物。

象形太极（太极十三形）十三路，第十一路狮形主要模仿狮的张口、抖毛、滚球、狮吼等一系列动作，象形取意将狮的动作形态、生活习性和搏杀技能表现得淋漓尽致，具有较强的实用性、观赏性和健身性。

36. 象形太极（太极十三形）十三路第十二路是鹰形吗？

答：鹰属于肉食性猛禽类。会捕捉老鼠、蛇、野兔或小鸟等小型动物。大型的鹰科鸟类（雕）可以捕捉山羊、绵羊和小鹿。鹰多数在白天活动，即使它在千米以上的高空翱翔，也能把地面上地猎物看得一清二楚，是鼎鼎有名的千里眼。它有一副强壮的脚和锐利的爪，便于捕捉动物和撕破动物的皮肉。它的喙大，胃肠发达，消化能力强，吃下去的老鼠，一会儿功夫就被消化得精光。不能消化的如稻草，会将它们裹成团状吐出去。它的体态雄伟，性情凶猛，动物学上称它是猛禽类。栖息于峡谷、林地、树林等处，繁殖期常在空中翱翔，同时发出响亮叫声。

象形太极（太极十三形）十三路，第十二路鹰形主要模仿鹰的捉鸡、展翅、扑食、入巢、盘旋、翻飞、蹬枝、上架、撕把等一系列动作，象形取意将鹰的动作形态、生活习性和搏杀技能表现得淋漓尽致，具有较强的实用性、观赏性和健身性。

37. 象形太极（太极十三形）十三路第十三路是鹞形吗？

答：鹞属于肉食性猛禽类。体细瘦，体羽单色不鲜艳，腿长，尾长，低飞于草甸和沼泽上，觅食鼠、蛇、蛙、小鸟和昆虫。体长约50厘米。喙小，面上的羽毛呈脸盘状。营巢于沼泽或高草丛中。鹞空中飞行、爪利，性情凶猛。

象形太极（太极十三形）十三路，第十三路鹞形主要模仿鹞的斜飞、展翅、抓食、寻食、盘旋、翻飞等一系列动作，象形取意将鹞的动作形态、生活习性和搏杀技能表现得淋漓尽致，具有较强的实用性、观赏性和健身性。

38. 象形太极（太极十三形）五十二势什么时间创编的？

答：道光十五年（1835年）杨景潜回北疆，将十三路古谱单操手的每一路抽出四个典型代表动作，构成"杨氏十三形五十二势"。《杨文才拳术谱》（民国刻本）记载："龙形在探爪，蛇形在缠绕，燕形在掠水，猴形在灵动，虎形在扑撞，豹形在穿梭，马形在怒蹄，鸡形在蹬腿，鹤形在换影，熊形在膀靠，狮形在抖毛，鹰形在锁扣，鹞形在束身。"

全套动作名称述列：起势，太极式（托按掌）、腰马合一式（提推掌）、抱球式（拧脖摔）、伏虎式（擒拿手）；龙形四势（龙形在探爪），黄龙转身（左推掌）、蛰龙升天（咔嗓掌）、赤龙搅水（手别摔）、青龙探爪（左推爪）；蛇形四势（蛇形在缠绕），蛇形缠手（蛇缠手）、引蛇出洞（穿按掌）、拨草寻蛇（双捋掌）、毒蛇吐信（问心掌）；燕形四势（燕形在掠水），燕子衔泥（左穿掌）、孤燕出群（右穿掌）、飞燕抄水（撩阴掌）、紫燕翻飞（拧脖摔）；猴形四势（猴形在灵动），猿猴搬枝（按豁掌）、饿猴抢食（劈进掌）、灵猴望月（横捋掌）、白猿献果（猴勾掌）；虎形四势（虎形在扑撞），卧虎藏爪（双捋掌）、虎爪抱头（双罩掌）、饿虎扑食（双扑掌）、猛虎下山（双撞掌）；豹形四势（豹形在穿梭），金豹转身（抹眉掌）、野豹穿林（左右分掌）、花豹招手（五花掌）、怒豹张口（双碟掌）；马形四势（马形在怒蹄），老马识途（提步按掌）、野马追风（双推掌）、悬崖勒马（双按掌）、怒马扬蹄（撩阴脚）；鸡形四势（鸡形在蹬腿），金鸡蹬月（左蹬腿）、雄鸡报晓（右踩脚）、群鸡出笼（双捌掌）、小鸡食米（鸡形手）；鹤形四势（鹤形在换影），白鹤亮翅（架推掌）、飞鹤啄食（下砍掌）、食鹤探路（进步连环掌）、仙鹤点头（退步连环掌）；熊形四势（熊形在膀靠），白熊转身（右靠打）、黑熊撞靠（左靠打）、猛熊出洞（插托掌）、卧熊藏胆（双挫掌）；狮形四势（狮形在抖毛），雄狮滚球（抹脖掌）、狮蛮宝带（切腹掌）、狮子张口（搂推掌）、金狮抖毛（手别摔）；鹰形四势（鹰形在锁扣），老鹰捉鸡（切腕掌）、飞鹰锁喉（锁喉掌）、大鹏展翅（推颔掌）、鹰落山岩（杀腰掌）；鹞形四势（鹞形在束身），鹞子翻飞（反手掌）、飞鹞穿林（双插掌）、老鹞束身（提托掌）、孤鹞寻食（穿心掌）；收势，伏虎式（擒拿手、太极式（双托掌）、引气归原（双按掌）、无极式（并步立正）。

39. 象形太极（太极十三形）戒尺剑有什么来历？

答：戒尺，旧时私塾先生对学生施行体罚所用的木板。也叫作"尺"，它是用两片木块制成的。两木一仰一俯。仰者在下，长七寸六分、厚六分、阔一寸分余，下面四边有缕面。俯者在上，长七寸四分、厚五分余、阔一寸，上面四边有缕面。上木正中竖安装木钮一个，钮长二寸五分、高七分，捉钮敲击下木。

《介石楼稿·大椿堂拳谱秘要》记载，戒尺剑乃大椿堂书院杨瞻结合戒尺和剑术于一体，作为训诫、惩罚、练剑等一物二用的木制教具，古称"戒尺剑"。清朝道光二十五年（1845年），杨景丰富完善了杨瞻戒尺剑的技术技法，在原有16种剑法的基础上增加到28种剑法，以象形太极（太极十三形）风格演练，节奏鲜明快慢相间，劲力顺达一触即发，全套戒尺剑四十九势传承至今，匀速练习适合全民健身效果甚佳。

①上举剑，是以剑首向上举起；此招有攻击对方下颔之意。
②前伸剑是以剑首向前伸出；此招有攻击对方胸部之意。
③剑指是中指与食指伸直并拢，其余三指弯曲，拇指压在无名指与小指第

一指节上；此招有攻击对方胸部之意。

④上穿剑是反握剑柄平剑向前斜上方穿出；此招有攻击对方喉部之意。

⑤旋剑是平剑从胸前顺时针向前划弧一周，再收于胸前，手心朝上，剑尖朝前，力达剑身中部；此招有化拨对方器物之意。

⑥横扫剑动作幅度要大，转体动作要协调。

⑦上抹剑是平剑从一侧经体前弧形向另一侧回抽为抹，腕与胸平，剑尖朝异侧前方，力达剑身；此招有化解对方器物，横击对方手臂之意。

⑧下截剑是剑身斜向下方，力达剑身前部。此招有以剑下刃截击对方持器物攻击的手臂之意。

⑨前穿剑是仰握剑柄平剑向前穿出；此招有攻击对方胸部之意。

⑩前刺剑是俯握剑柄平剑向前刺出；此招有攻击对方胸部之意。

⑪前绞剑是反握剑柄，平剑从胸前顺时针向前划弧一周成一立圆，再收于胸前，手心朝上，剑尖朝前，力达剑身中部；此招有圈割对方手腕之意。

⑫后撩剑是反握剑柄，立剑由下向后上方撩起，力达剑身前；此招以剑刃撩割对方手腕。

⑬下压剑是正握剑柄，平剑，手心朝下，向下为压，剑尖朝前；此招是以手腕压住对方手臂之意。

⑭前撩剑是正握剑柄，立剑由下向前上方撩起，力达剑身前；此招以剑刃撩割对方手腕。

⑮横推剑是正握剑柄，立剑横于体前，剑指附着在剑身上；此招以剑身前推攻击对方。

⑯转身推剑是正握剑柄剑尖向下，身体旋转前推；此招是旋转格挡对方器物，再以剑柄前推攻击对方胸部。

⑰斩剑是反握剑柄，平剑向横向击出，力达剑身；此招以剑的下刃平斩对方颈部或腰部。

⑱挂剑是正握剑柄立剑划弧，剑尖由前向下、向同侧或异侧后方贴身挂出，力达剑身前部；此招是挂防对方对我喉部或面部的器物攻击。

⑲下穿剑是反握剑柄平剑向前斜下方穿出；此招有攻击对方档、腹之意。

⑳云剑是反握剑柄平剑在头顶上方划平圆进行环绕；云剑有以剑下刃从对方右臂下方向上云割手腕之意。

㉑点剑是立剑提腕，使剑尖由上向前下点出，手臂自然伸直，力达剑锋；此招是以剑峰点击对方手腕。

㉒抱剑是两臂撑圆，两手抱剑，平剑使剑尖向上；此招是于体前防御对方的攻势。

㉓托剑是剑身平置，由下向上抬起，手心朝上，力达剑身。

㉔合剑是平剑，剑尖向上，臂撑圆向内合拢；此招是格挡对方器物之意。

㉕抖剑是平剑，剑尖向上，在体前划一平圆，从腹前抖放而出，力达剑柄，有用剑柄攻击之意。

㉖崩剑是立剑，抖腕，使剑尖向下，发力于腕，力达剑锋。

㉗切剑是平剑向前切出，力达剑身，有攻击之意；捋剑是平剑从身体一侧向另一侧划弧摆动，力达剑身，有防守之意。

㉘盖剑是平剑从上向下盖打，力达剑身。

40. 象形太极（太极十三形）棒槌棍有什么来历？

答：棒槌，民间浆洗衣物用具，流行于全国大部分地区。其形状因地域、民族的不同也不尽相同。多木制，圆形、长约二尺，一端稍粗，便于槌衣,另一端较细,便于手握。《金瓶梅词话》第三八回："便取棒槌在手，赶着打出来。"清 李渔《巧团圆·词源》："取出泥人、土马、棒槌、锣鼓、刀鎗、旗帜等物。"杨朔《赤道雪》："有一种树不长叶儿，满树是棒槌模样的玩意儿，齐崭崭地朝上竖着。"

《杨文才拳术谱》（民国刻本）记载："清朝道光二十五年（1845年），杨景将棒槌融棍法练习，名曰棒槌棍。"此器物快慢相间练习传承至今，匀速练习适合全民健身效果甚佳。具有简捷有效、实而不华、柔中带刚、灵活多变、技法鲜明等特点，技法主要有劈、戳、撩、挂、崩、点、扫、穿、拦、挑、架、托、云、提、砸、压等。

41. 象形太极（太极十三形）乾坤扇有什么来历？

答：蒲草也称水烛，根状茎乳黄色、灰黄色，先端白色。地上茎直立，粗壮，高约1.5～2.5米。叶片长54～120厘米，宽0.4～0.9厘米，上部扁平，中部以下腹面微凹，背面向下逐渐隆起呈凸形，下部横切面呈半圆形，细胞间隙大，呈海绵状；叶鞘抱茎。《本草正》味微甘，性微寒。《纲目》凉血，活血，止心腹诸痛。《本草经疏》治症结，五劳七伤，停积瘀血，胸前痛即发吐衄。

《杨文才拳术谱》（民国刻本）记载："清朝道光二十五年（1845年）夏，杨景用蒲草编织蒲包、蒲席、蒲扇等纳凉去暑，创编了一套蒲扇，名曰乾坤扇。"具有轻灵沉着、刚柔相济、动作舒展、变化多端、姿势优美、潇洒飘逸、技法鲜明、实用性强、观赏性美等特点。其技法主要有开、关、抱、刺、架、挂、劈、穿、撩、云、舞花等。

42. 象形太极（太极十三形）二十四夺命手指什么？

答：二十四夺命手，是十三形飞禽走兽生存搏斗绝技的总称。包括龙形搜骨爪、龙形踩踏脚、蛇形穿心脚、蛇形缠绕掌、燕形抄抱手、猴形勾撞掌、猴形闪串掌、虎形扑面掌、虎形双撞掌、虎形虎胯打、虎形虎尾脚、豹形抹眉掌、豹形双叠掌、马形回马脚、马形马蹄掌、鸡形鸡蹬腿、鸡形鸡爪手、鹤形换影掌、熊形熊膀靠、熊形黑手掌、狮形切抹掌、狮形搂摔手、鹰形锁抓手、鹞形翻手掌。《杨文才拳术谱》又称《诏世拳术训谱》（民国刻本）记载："龙形二绝，搜骨踩踏；蛇形二绝，穿心缠绕；燕形一绝，掠水抄抱；猴形二绝，闪串勾撞；虎形四绝，扑面推撞，胯打尾扫；豹形二绝，叠掌抹眉；马形二绝，马蹄回脚；鸡形二绝，蹬腿鸡爪；鹤形一绝，抽身换影；熊形二绝，黑掌熊膀；狮形二绝，搂手切掌；鹰形一绝，锁抓入肉；鹞形一绝，翻手阴阳，此乃二十四夺命手是也。"

43. 象形太极（太极十三形）三架四势五桩是指什么？

答：三架四势五桩，是象形太极（太极十三形）实战操手的基本桩架、手势和桩法的总称。

①三架，根据人体上、中、下三盘位置，结合实战桩法的特点，将实战桩法的高、中、低三种位置变化，称为"三架"。即高架、中架和低架三种位置变化。

②四势，将在实战中手型的四种圆形变化，称为"四势"。即探手势、吊手势、开手势和闭手势四种手型变化。

③五桩,从十三形十三路中提炼出来的适于实战操手的五种基本桩法。即坐山桩、阴阳桩、骑龙桩、蝎子桩和自由桩五种桩法姿势。

44. 象形太极(太极十三形)实战操手二十四法是指什么?

答:实战操手二十四法,是每一种桩法的三架四势组合演变,四种手型和六种桩架位置的基础变化,产生二十四种实战操手的基本方法,称为"实战操手二十四法"。即探手变化操手六法、吊手变化操手六法、开手变化操手六法和吊手变化操手六法。

45. 象形太极(太极十三形)实战操手四十八法是指什么?

答:实战操手四十八法是,是每一种桩法的三架四势组合演变,四种手型和六种桩架位置的复杂变化,产生四十八种实战操手的基本方法,称为"实战操手四十八法"。即探手变化操手十二法、吊手变化操手十二法、开手变化操手十二法和闭手变化操手十二法。

第二章　基本情况概述

本章主要介绍基本情况概述，从名称由来与八法、演练风格与要点、技术特点与要求、内在与外形要论、练习步骤与方法、基本手型与步型六部分内容进行研究和论述。提出了新概念、新见解和新理论、值得学术界思考和感悟。

第一节　名称由来与八法

一、名称由来

道光十五年（1835年），杨景潜回北疆，将象形太极（太极十三形）十三路单操手的每一路抽出四个典型的代表动作构成"象形太极（太极十三形）五十二势"。民国时期，河中饧杨氏二十一世嫡孙、象形太极（太极十三形）第四代传承人杨文才（图2-1），从"象形太极十三形（象形太极五十二势）"中提炼出一套简单实用、便于习练的基础套路，名曰"象形太极十三势"。《杨文才拳术谱》（民国刻本）口令歌诀记载："龙形在探爪，蛇形在

河中饧杨氏二十一世嫡孙象形太极（太极十三形）第四代传人杨文才大师　画像

图2-1

缠绕，燕形在掠水，猴形在灵动，虎形在扑撞，豹形在穿梭，马形在怒蹄，鸡形在蹬腿，鹤形在换影，熊形在膀靠，狮形在抖毛，鹰形在锁扣，鹞形在束身。"象形太极十三势动作名称：起势——赤龙搅水——白蛇吐信——燕子衔泥——灵猿摘果——猛虎扑食——野豹穿林——悬崖勒马——金鸡独立——仙鹤探路——黑熊抱树——狮子滚球——雄鹰展翅——鹞子翻飞——收势。象形太极十三势由上饶师院武家学派研究中心主任、三级教授、博士生导师杨维博士动作示范和视频演示，上饶师院体育学院硕士辛桂维副教授整理。全套共由十五势组成，分为上、下两段，以丁八步转体和提步摩经为特色，象形取意益寿延年。

二、基本八法

《杨文才拳术谱》（民国刻本）云："象形者，燕、鸡、鹤、鹰、鹞飞禽也；龙、蛇、猴、虎、豹、马、熊、狮走兽也。太极者，天地人，宇宙万物也。十三势者，掤（斜上）、捋（向里）、挤（向前）、按（向下）、采（斜下）、挒（向外）、肘（向上）、靠（向后），此八卦方位也；挤、按、肘、靠，即乾、坤、坎、离四正方也；掤、捋、采、挒，即巽、震、兑、艮四斜角也；进（前）、退（后）、顾（左）、盼（右）、定（中），此五行也，即金、木、水、火、土也。合之则为十三势也。"也就是说，象形太极基本八法为八种劲力的方向，字意解释如下：

1. 掤（斜上）：读bīng音。本义，箭筒盖子。《诗经·郑风》："抑释掤忌。"[22]引申义，向前斜上方的力。这里泛指向斜上方的动作、劲力等。

2. 捋（向里）：读luō音。本义，用手握住条状物向一端滑动。《说文解字》："取易也。从手寽聲。"[23]引申义，向里方的力。这里泛指向里方的动作、劲力等。

3. 挤（向前）：读jǐ音。本义，向前推开。《说文解字》："排也。从手齐耳。"引申义，向前方的力。这里泛指向前方的动作、劲力等。

4. 按（向下）：读àn音。本义，用手或手指头压。《活板》："以一平板按其面，则字平如砥。"[24]引申义，向下方的力。这里泛指向下方的动作、劲力等。

5. 采（斜下）：读 cǎi 音。本义，摘取。东汉·许慎《说文》："采，捋取也。"引申义，向斜下方的力。这里泛指向斜下方的动作、劲力等。

6. 挒（向外）：读 liè 音。本义，捩、搩、捩的意思。《唐韵》良薛切《集韵》：“力糵切，音列。"[25]《埤苍》："搩也。一曰捩也。"[26]《韵会》："力结切，与捩同。拗也，绗也。"[27]引申义，向外横向的力。这里泛指向外横向的动作、劲力等。

7. 挒（向上）：读 zhōu 音。本义，把重物从一端托起或往上掀。《周礼·冬官考工记粤无镈注》："其镈斯挒。"[28]引申义，向上方的力。这里泛指向上方的动作、劲力等。

8. 靠（向后）：读 kào 音。本义，倚着，挨近，接近，妥当可信赖，彼此间的距离近等。清代段玉裁注《说文解字》："今俗谓相依曰靠，古人谓相背曰靠。"引申义，多指向后方的力，也有向前的力。这里泛指向后方的动作、劲力等。

第二节 演练风格与要点

一、演练风格

象形太极（太极十三形）的演练风格，整体而言"静"如平湖秋月，"动"似波涛起伏，演练风格完全融入水的意境。杨维教授是这样描述"象形太极"演练风格意境的。他说："犹如阳春三月白雪，春雨初融润育细无声，又像缓缓流淌的河水如平湖秋月，静静地悠闲地漂流……刹那间，乌云密布，波涛汹涌，大雨倾盆，飞瀑直下，江河翻滚……不知不觉中百川汇聚，归流大海，海上礁石丛生，奇峰林立，水下暗流涌动，惊涛骇浪……渐渐地天边的云雨、晚霞的余晖和碧波的湖水相互交融，仿佛进入蓬莱仙境海市蜃楼，给人以无限的遐想……这就是象形太极的意境。"并附诗一首《象形太极拳水的意境》：

三月白雪初消融，阳光润育细无声。
缓流平湖悠闲月，寂静无声布鸟鸣。
六月云起伴雷风，暴雨倾盆波涛涌。
飞瀑直下三千尺，江河翻滚气势汹。
九江汇集长江静，归流东海万户宁。
礁石丛生奇峰立，水下暗流骇浪惊。
天边云雨晚霞映，碧波湖面互交融。
海市蜃楼似蓬莱，维子一梦入仙境。

【注释】

1. **三月白雪初消融，阳光润育细无声。**

阴历三月，北方青冈的白雪，已经开始悄然融化，在阳光的照射下润育滋养着这片寒地黑土。

2. **缓流平湖悠闲月，寂静无声布鸟鸣。**

春天来了，通肯河的湖水在月光下缓缓地流淌，四周寂静无声，只有布谷鸟在咕咕地鸣叫。

3. **六月云起伴雷风，暴雨倾盆波涛涌。**

阴历六月，南方上饶的天气，乌云伴着风雨雷电，倾盆大雨连续不断，长江流域更加波涛汹涌。

4. **飞瀑直下三千尺，江河翻滚气势汹。**

三清山的飞瀑奔流直下三千尺，使长江流域翻江倒海。

5. **九江汇集长江静，归流东海万户宁。**

从九江汇集到长江流域的江水在静静地流淌，一直归流注入东海，使两岸的百姓免受水灾。

6. **礁石丛生奇峰立，水下暗流骇浪惊。**

海面上露出丛生的礁石和林立的奇峰，水下还有暗流在涌动，真是惊涛骇浪啊。

7. **天边云雨晚霞映，碧波湖面互交融。**

秋天到了，晚霞的云雨、天边的彩虹、碧波的湖面相互交融的美好景象。

8. **海市蜃楼似蓬莱，维子一梦入仙境。**

此时的景色像蓬莱阁的海市蜃楼一样美妙，这些都是维子（杨维号维子）演练象形太极拳时进入的梦幻意境。

9. 《象形太极拳水的意境》诗一首，选入《杨维博士诗集》，2019年3月25日杨维作于上饶师范学院集贤楼540办公室。

"象形太极十三势"是基础套路，也称"入门套路"。教学习练时以缓慢柔和的匀速运动为佳，追求健康养生延年益寿，演练风格"犹如阳春三月白雪，悄然消融润雨细无声，又像缓流的河水如平湖秋月，静静的流淌……"表演研练时以快慢相间的变速运动为宜，追求潇洒飘逸劲力完美，演练风格"刹那间，乌云密布波涛汹涌，大雨倾盆飞瀑直下江河翻滚……不知不觉中百川汇聚归流大海，海上礁石丛生奇峰林立，水下暗流涌动惊涛骇浪……"

二、演练要点

第一，象形太极，存乎心意。

象形，象是模仿，形是实体，样子。这里指模仿龙、蛇、燕、猴、虎、豹、马、鸡、鹤、熊、狮、鹰、鹞十三种飞禽走兽的动作形态、生存本领。

太极，是指阐明宇宙从无极而太极，以至万物化生的过程。太极，即天地未开、混沌未分阴阳之前的状态。《易经·系辞》："是故，易有太极，是生两仪。"[29]

心，是中华传统医学中的概念，即神经系统。意，则是指思维活动（无论意识或潜意识的活动均属思维活动）。《黄帝内经·素问·宣明五气篇》："心藏神，肺藏魄，脾藏意，肝藏魂，肾藏志。"并认为心（脑）是先天的全身之主宰，脾（意）是后天的根本。历代的儒、释、道、武、医五家，也都非常重视心和意的作用。而各家对心意的诠注各有不同。现谨提出以下四点，以见"心意"之作用：

1. 调节神经系统"松静自然"，健康精神。

2. 发挥"心意"的思维功能，善于运用思维，用大脑思维练拳。

3. 发挥"心意"双向信息传导功能，一是将体表感觉传导入大脑神经；二是输出大脑支配身体各部位信号的运动神经（传出神经）。实战操作时，需要有快捷的反应速度和动作速度，这就需要在"心意"二字上下功夫。

4. 运用意念来诱导习练者符合拳法内在要领。

第二，快慢相间，刚柔相济。

象形太极的整体演练风格是快慢相间、刚柔相济的，但每套拳路不同，演练风格也不尽相同。比如象形太极十三路快动作较多，刚多柔少；象形太极十三势（五十二势）快慢相间，刚柔并济；象形太极十三势慢动作为宜，几乎没有发劲，有利于全民健身推广。但表演时为增加表演效果，可以快慢相间、刚柔并济。

第三，动作舒展，潇洒飘逸。

象形太极的动作吞吐开合、上浮下沉幅度相对较大，发劲动作一触即发，惊炸四梢。但象形太极十三势动作幅度相对比较适中，动作过渡链接也比较流畅，动作显得舒展、柔和行云流水，潇洒大方飘逸。

第四，节奏鲜明，错综有序。

象形太极整体演练快慢相间、刚柔相济，其演练节奏也是抑扬顿挫、忽高忽低、错综复杂、节奏起伏比较鲜明。但象形太极十三势就比较悠扬、平稳、和谐。

第五，三盘变换，劲力不息。

三盘变换，是劲力发放的关键所在。三盘，用来表示拳架姿势升降的幅度，一般有上、中、下三种姿势。其划分标准是膝关节弯曲度。150°～180°为上盘，120°～150°为中盘，90°～120°为下盘。需要说明的是，人高低升降的幅度不仅仅是由膝关节弯曲度决定的，还与腰、髋、肩等处关节变化有关，只是因为膝关节的弯曲最为直观、明显，所以才选用膝关节曲度作为标准。象形太极非常注重身体动作的上下起伏升降，为此也特别强调"三盘"的重要性。只有在三盘姿势标准了，劲力才能够顺达，连续不断。

第六，四正四隅，吞气归脐。

四正，是指东、南、西、北四个正方向；四隅，是指东南、西南、东北、西北四个斜方向。基本八法使用时，遵照中国古代哲学"五行八卦理论"，四正的掤、捋、挤、按与坎、离、震、兑相对应；四隅的采、挒、肘、靠与乾、坤、艮、巽相对应；五行的进、退、顾、盼、定与金、木、水、火、土相对应。

吞气归脐，是指将采集到的花药之气，像吞咽食物一样吞噬到丹田形成"混元气"。《洞冥记》："吾却食吞气，已九千余岁。"[30]混元气，指人体内的元气与宇宙之气相融合，而成为一体的混合之气。脐，指丹田。

第七，力转于劲，所向披靡。

力犹如铁，劲犹如钢。力不练则不能成劲，铁不炼则不能成钢。《列子·汤问》云："周穆王征西戎，西戎献锟铻之剑，火浣之布。其剑长尺有咫，炼钢赤刃，用之切玉如切泥焉。火浣之布（石棉），浣之必投于火；布则火色，垢则布色；出火而振之，皓然疑乎雪。"[31]故古有削铁之利剑，而无切玉之铁刃，何也？因为利剑经过冶炼，而铁刃未经过冶炼。《杨文才拳术谱》（民国刻本）所云"拳打力不开，力打劲不开"就是这个道理，它说明只掌握方法而无劲，则不能匹敌；而掌握方法又有劲，则任凭你力大如虎，亦无从施展。故劲可以克力，而力不能克劲，犹如钢可以克铁，而铁不能克钢。在发力时，手臂肌肉收缩，全身血管膨胀，血液循环加快，用之过当，且可致伤。而劲在发放时，一戳指一按掌，刹那间即可中伤对方，无须牵动全部肌肉。因此，劲优于力，是力的高级形式。

第八，腰胯带劲，四肢达迄。

《杨文才拳术谱》（民国刻本）云："象形太极之劲力，起于足底，主宰腰脐，达于四壁。"意思是说，象形太极的劲力，从足底产生，通过踝关节、膝关节、髋关节的传递，在腰部肚脐处（丹田）蓄劲待发，靠扭动腰胯、旋转脊柱的动作传送到躯干、四肢。四壁，泛指四梢（四肢）、躯干（周身）及身体各部位。

第九，机智敏锐，精神崛起。

机智，指聪明灵活，能随机应变。机智是良好的性情、敏锐的洞察力，以及在紧急时刻快速反应的综合产物。象形太极十三势演练时，要保持精气神充沛、目光敏锐、精神矍铄，调动浑身各部位高度协调、统一。

第十，十三形状，形态各异。

象形太极十三势演练时，模仿十三种动物形态、生存、猎食、搏斗及其表现形式，以取意为主象形次之，不能流于形式过分追求象形，简单地模仿外表形态而忽视内在的含义。

第三节 技术特点与要求

一、技术特点

第一，马步夹扣，三圆统筹。

马步分为正马步、侧马步、半马步和夹马步四种。象形太极十三势以夹马步、半马步居多。夹马步要求三圆，即圆脚、圆膝、圆裆；三扣，即扣脚、扣膝、扣裆。

第二，提膝足平，身正项冲。

提膝，指膝关节弯曲90°；足平，指脚掌提起与地面平行，紧贴小腿内侧；身正，指身体直立端正，脊柱上拔，抬头挺胸；项冲，指颈部上冲，头顶悬。

第三，裹身丁八，转体过渡。

裹身，指身体向里紧缩，缠绕包裹之意。丁八，指丁八步，是象形太极独特的转体过渡步法，分为正丁八步、斜丁八步两种。正丁八步，一脚掌内侧与另一脚尖成90°夹角,称为"正丁八步";斜丁八步,一脚掌内侧与另一脚尖成45°~60°夹角,称为"斜丁八步"。

第四,脚不外撇,身不后坐。

象形太极演练时,要求前脚尖不宜外撇,过度或频繁外撇脚容易造成踝关节、膝关节、髋关节损伤。摆步时身体重心不能后坐。上步前,后腿拧脚的角度或大或小,膝关节没有随着一起转动与转体配合不协调,大、小腿在膝关节部位形成"扭别现象",也会造成膝关节疼痛或损伤。

第五,旋腕翻转,粘连黏掤。

旋腕,指腕关节里旋或外旋的动作,旋腕时配合手背的翻转是象形太极的一大特色。粘连黏,指贴住、靠住对方不能离开;掤,向上方的力。意思是说,贴住或靠住对方进身向上发力,将对方掀翻倒地。

第六,手法叨钻,攻防劲求。

象形太极的手法比较灵巧、古怪、滑脱,使人防不胜防,难以应付。在攻防运用时攻中有防、防中有攻、攻守兼备,但要进身才能发力,力转于劲才是硬道理。

若将人的整体看作一个力学系统,则人体内部各部分相互作用产生的力,称为"人体内力";那么,外界其他物体对人体的作用产生的力,则称为"人体外力"。有时内力与外力是相互转化的,比如肌张力对于人的整体而言是内力,但肌张力对于作用的人体环节而言则就是外力。再如三角肌张力对上肢运动而言是外力,而对人的整体而言则是内力。因此,将人的整体运动作为研究对象,肌张力是人体内力,而将人体环节作为研究对象,环节周围的肌张力则是环节运动的外力。[32]可参见陆爱云主编、人民体育出版社出版的《运动生物力学》第82页,人体内力与外力的相对性。(图2-2)

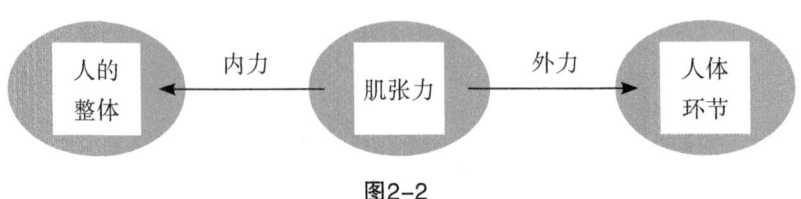

图2-2

第七,八法八向,向上为挪。

八法,即掤、捋、挤、按、采、挒、挪、靠。这里重点谈一下"挪",这个字是表示力的方向——向上的力。如果是"肘"那就说不通了,其一,基本八法是表示力的方向都是动词,而"肘"是名词,表示人体的一个部位,七个动词表示力的方向,唯独一个名词,表示人体部位,而且人体有很多部位,为什么只用"肘"而不用其他部位呢?其二,"肘"和"挪"二字谐音,由于口传心授方言发音不准确,拳谱记录人将"挪"误写成"肘"而流传下来。

图2-3

八向,即东、南、西、北、东南、西南、东北、西北。为便于说明地平面上的八个方向,我们用图示的方法表示:上北、下南、左西、右东、东北、东南、西北、西南八个方向。其中东、北、西、南四个正方向,称为"四正",东北、东南、西北、西南四个斜方向,称为"四隅"。参见正隅方位平面图。如(图2-3)

1. 四正方向:动作图解中,身体面对的方向为南方;身体背对的方向为北方;身体向左的方向为东方;身体向右的方向为西方。

2. 四隅方向:动作图解中,身体面向南方和东方的斜方向为东南方;身体面向南方和西方的斜方向为西南方;身体面向西方和北方的斜方向为西北方;身体面向北方和东方的斜方向为东北方。

第八,内气鼓荡,遇阻回流。

我们把"水罐鼓荡理论"[33]应用在丹田内气鼓荡运动上,则称"内气鼓荡原理"[34]。就是说人体内的混元气随着呼吸的节奏,在腹内(丹田)按照纵式循环、横式循环、顺式循环、逆式循环的方式,使丹田内的混元气由不规则运动向规则运动转化。当人体混元气在腹内遇阻回流时就会瞬间呈规则运动,此时人体内部各部分相互作用产生内力,这种内力再转化成内劲,从而产生内劲的波纹效应。

第九，招法连环，变化无穷。

象形太极十三势的基本技术，在方法使用上具有"多变性"。比如白蛇吐信：弓步穿掌、左反背掌、勾掌旋挂、立掌前推，为四种使用方法的变化；再比如仙鹤探路：弓步架推、提步劈掌、横向砍掌，为三种使用方法的变化。

第十，寸劲弹发，不紧不松。

寸劲，是人体力学系统中内力与外力相互转化的综合产物，在短距离内抖腰振臂迸发出来的局部劲力。这种劲力是由爆发力转化成劲而来，发劲干脆短促，一触即发，像被压缩的弹簧，突然弹放而出；又像狮子抖毛，瞬间抖放尘埃。寸劲能产生很大的压力，甚至震憾神经，透入体内造成内伤。寸劲在短距离内发出的最大劲力侵透到人体内部，绝对不是件很容易的事情，经过长时间规律性锻炼形成条件反射，还要配合"意念"与"精神"，在对方处于空虚状态下，迅速打进疾发，就会给对方造成很大的伤害。若使用寸劲得当，即使弱小的劲力，也能给人体内部造成一定冲击；若能使意、气、劲和精神高度统一协调一致，则人体内力的效果就会产生破坏性。这种冲击力会产生破坏内脏的波纹效果和回声效果、内伤恐怖的波纹效果和炸劲的效果。

炸劲，由寸劲转化而来，发于无形的柔劲。在任何状态下随意而发，像原子弹爆炸一样，瞬间产生的劲力。这种劲力速度特别快，如同眨眼间，是"意识"和"神经"发出的威力。多年来教育和培养过我的一些老师，他们对炸劲的形成及效果是这样描述的：

释行山大师说："炸劲比眨眼的速度还要快。"释行好大师说："炸劲就是炮弹爆炸般的场面。"李文彬老师说："炸劲犹如火机一发物必落。"梁守渝教授说："炸劲像原子弹爆炸发出的光亮和乌烟。"育娃·王月魂博士说："炸劲如同子弹从手枪中发出的速度。"杨俊敏博士说："炸劲是神经和意识产生的。"周树生老师说："炸劲就是下意识发出来的。"

炸劲是劲的最高级形式，是只能意会不能言传的东西，没有具体的练习方法，它是多年坚苦磨练的经验积累，是条件反射技能叠加的结果。除此之外，还要有明师指点、个人悟性、文化水平、思想品德等诸多方面因素。可惜，目前具备如此高深境界的武术家，实在是寥寥无几，甚憾！

二、周身要求

第一，头正项直，舌抵顶悬。

头正，头部要正直、端庄；顶悬，向上有悬顶之劲；项直，颈部要挺直，有向上的冲顶之劲；舌抵，要求舌抵上腭、似抵非抵。舌抵上腭，有利于腹式呼吸的建立；似抵非抵，有利于小周天的运行。舌抵上腭、似抵非抵时，应以自然为主，舌尖不要用力上抵，只要有抵的意识，就可以做到鼻吸鼻呼，就可以保证意识调控的正常进行。

第二，耳聪目明，含胸拔背。

耳聪，听觉灵敏；目明，眼睛明亮。耳聪目明是要有眼观六路、耳闻八方的感觉。含胸，包含、藏在里面；拔背，向高或向上挺直脊柱。含胸拔背是要将胸稍内收，不能完全扩展，挺直脊柱向上提拔。

第三，凝神静气，沉肩坠肘。

《杨文才拳术谱》（民国刻本）云："凝，和静之气能生神；气，静则其质高（物质有序化程度提高）；质，高则神凝（能量有序化程度顶峰）；是故，神乃气之精华者也。"凝神静气，即精神凝聚心气平和，放松肢体气息顺畅，进入虚空灵界境地。

沉肩坠肘，肩部下垂、肘部下坠。这是对骨骼肌放松的具体要求，如果骨骼肌不放松，则肩不能沉，肘不能坠，气血运行也就不能畅通，肌肉骨骼也得不到滋润濡养。只有肩部充分放松，才能使上肢轻松灵活，下肢沉实稳重。肩要松沉灵活，肘关节必须保持微屈，即下垂的意思，这是为了更好地松沉肩关节。肩是臂与躯干的连接枢纽，肩能松沉，则臂自灵活，两肘下垂则两肱自圆，气自沉小腹，便于屈伸和虚实转换。前臂被制必用肘化，上臂被制必用肩化；肩肘不能松沉，则上肢都脱离不了僵化的境界。

第四，呼吸均匀，缓慢归原。

呼吸，一呼一吸的功能。这是对呼吸的具体要求。比如呼吸要长细、深远、均匀、缓慢。配合意识活动将自然之气与五脏六腑之气相融合，导引至丹田内部形成人体混元气。

第五，腰马合一，胯膝足圆。

腰，指髋关节、脊柱等部分；马，即脚下的步型。腰马合一，就是腰部和桩步要稳定，也就是下盘稳健，腰胯膝足协调统一，拧成一股绳。这是对站桩、发力的要求。比如胯、膝、足要做到三扣三圆等。

第六，提膝足平，落地无声。

提步，先向上提膝，使脚掌与地面平行，脚内侧紧贴在小腿内侧，另一腿膝关节微屈下蹲，保持身体重心平衡和稳定。向下落步时，要落地生根没有响声，脚跟先着地，依次全脚掌落地踏实。

第七，周身拧劲，进退弛张。

《杨文才拳术谱》（民国刻本）云："周身拧成一股绳，浑身运气一股劲；进退采用一步制，动静刚柔一弛张。"[39]意思是说，练拳时要求周身拧成一股绳，浑身上下一股劲一气呵成；进也一步退也一步，进退各一步，或进也半步退也半步，进退共一步，在一动一静、一刚一柔、一张一弛间完成劲力发放。

第八，脚不外撇，身不倾斜。

落步摆步或盖步时，脚尖不能过大或过高转动外展，否则容易造成踝关节、膝关节、髋关节损伤。身体不能前仰后合、左右偏斜，以免影响身体重心稳定和发力效果。

第九，翻身转体，裹身丁八。

翻身转体时，不能敞臂开胯大摇大摆，脚步凌乱不知所措。特别注意两脚先扣后摆，扣脚斜正角度在45°～90°之间，通过丁八步过渡裹身，保持身体劲力不散。

第十，旋腕粘黏，化抓打发。

旋腕翻转时配合手背的翻转，贴住、靠住对方不能离开。先化解对方来力，此时对方旧力已去新力尚未生成，然后靠抓、打的动作擒拿控制对方，或将对方打倒、掷远。这是对一系列攻防转换手法变化的要求。比如燕子衔泥，旋腕勾掌（粘黏）——翻掌上托（化）——抓手下落（抓打）。

第四节　内在与外形要论

一、内在要论

《杨文才拳术谱》（民国刻本）云："内在为根，外形为本；神形相依，内外相合。"意思是说，象形太极以意识为主导，精神为辅助，气化为配合，显示于外形，融合于一体，内外求统一，像水柔通经脉，咆哮乃克刚。相反，外形的圆弧运动带动内在的气化清虚、精神上的静寂安详飘逸、意识上的虚无。

1. 意识能

意识是物质的一种高级有序组织形式，是人脑对大脑内外表象的觉察，具有自觉性的思维。也就是道教中说的"元神"即"魂"。魂也是精、气、神的统称为，"三魂"。道家谓人有三魂：一曰胎光，二曰爽灵，三曰幽精。（见《云笈七签》卷五十四。）[36]

《左传昭公二十五年》："心之精爽，是谓魂魄；魂魄去之，何以能久？"[37]《昭公七年》："人生始化曰魄，即生魄，阳曰魂；用物精多，则魂魄强。"《孔颖达疏》："魂魄，神灵之名，本从形气而有；形气既殊，魂魄各异。附形之灵为魄，附气之神为魂也。附形之灵者，谓初生之时，耳目心识、手足运动、啼呼为声，此则魄之灵也；附所气之神者，谓精神性识渐有所知，此则附气之神也。"[38]

2. 精神

精神是生命的组成元素，大脑的思维活动，人体脑组织所释放的一种不可见的暗能量（量子物质），能够记录和重演过去的事与物。也就是道家所说的"魄"，精神附着于意识，是意识的产物，"魄"也就附体于"魂"上。魄也是喜、怒、哀、惧、爱、恶、欲，统称为"七魄"。道家谓人有七魄，各有名目。第一魄名尸狗，第二魄名伏矢，第三魄名雀阴，第四魄名吞贼，第五魄名非毒，第六魄名除秽，第七魄名臭肺。（见《云笈七签》[43]卷五四。）

3.气化论

气指构成人体及维持生命活动的最基本要素，气化指气在人体内的运动变化。也就是道教中所说的"先天元气"，供养着魂（意识），"元气"不足，意识营养不足而低靡，精神就会萎靡不振。"先天元气"需要后天滋补，实际上气化就是体内物质新陈代谢的过程，是物质转化和能量转化的过程。

《素问·阴阳应象大论》说："味归形，形归气；气归精，精归化；精食气，形食味；化生精，气生形……精化为气。"[44]就是气化过程的简要概括。

因此，体内精气血津液各自的代谢及其相互转化，是气化的基本形式。如精的生成，包括先天之精的充盛和后天水谷之精的化生；精化为气，包括先天之精化生元气和后天之精化生谷气，以及谷气分化为营卫二气；精化为髓，髓充骨而消耗或汇脑而化神；精与血同源互化；津液与血同源互化；血的化生与其化气生神；津液的化生与其化汗化尿；气的生成与代谢，包括化为能量、热量，以及生血、化精、化神，并分化为脏腑之气和经气，如此等，皆属气化的具体体现。气化过程的激发和维系，离不开脏腑的功能。气化过程的有序进行，是脏腑生理活动相互协调的结果。

二、外形要论

外形即形体，是身体的形态及部位，具体完成肢体任务的工具。象形太极的形体工具，主要是体现在"手眼身法步，肩肘腕胯膝足"之间的协调配合。（杨文才拳术谱）（民国刻本）云："学要得法，法能应变，变有奇术，术业专功。"就是说内在与外形的配合，方法与技术的运用，思想与行动的统一。

1. 上肢部位

上肢部位，指肩部到手指的部分。要求沉肩坠肘、不耸不弛、虚腋捲肱、转腕活指、宽胸通气。《杨文才拳术谱》（民国刻本）云："肩肘腕胯膝，手眼身步移；浑身成一气，贯串无缝隙。"

2. 躯干部位

躯干部位，指头颈、胸背、脊柱、腰椎、尾骨、尾椎、腰的部分。要求头顶上悬、虚领顶起、颈椎直立、舌抵上腭、眼似流星、节节相催、尾闾中正。《杨文才拳术谱》（民国刻本）云："脊颈须直立，尾闾中正栖；目光涂四壁，精神末梢起。"

3. 下肢部位

下肢部位，髋骨以下至脚趾的部分。要求松胯圆裆、裹臀屈膝、实重扒趾、脚心含虚、三扣相依。《杨文才拳术谱》（民国刻本）云："两腿似夹马，圆裆扣膝胯；转身丁八步，蓄劲脊柱发。"

第五节 练习程序与内容

象形太极（太极十三形）适合新时代全民健身运动，也是高层次、高品位、高追求人群的最佳选择。本着循序渐进、逐层深入的原则，杨维教授总结出"七步二十四法"练习程序，教与学要按照程序进行，切莫好高骛远，揠苗助长，以免事与愿违，不求甚解。

第一步：阅读史料文献
第一法，了解清末天理教农民起义真相。
第二法，了解古武当山及太极张三丰。

第二步：掌握名家拳谱

第三法，了解象形太极始传人杨景。

第四法，阅读《杨文才拳术谱》（民国刻本）。

第三步：学习拳架姿势

第五法，象形太极养生功及十三势。

第六法，象形太极十三形（五十二势）。

第七法，象形太极戒尺剑、棒槌棍和乾坤扇。

第八法，象形太极十三路（单操手）。

第四步：理解攻防含义

第九法，每一动作攻防含义。

第十法，归纳技术进行分类。

第十一法，专项训练以求实用。

第五步：明白气化走向

第十二法，十二经脉和奇经八脉。

第十三法，吐纳换气和采气。

第十四法，丹田内转与内气鼓荡。

第十五法，意识能量传递理论。

第十六法，胎息法。

第十七法，拳路呼吸及气化。

第六步：懂得发劲原理

第十八法，气、力与劲三者关系。

第十九法，内劲的传递原理。

第二十法，内劲的层级理论。

第二十一法，拳路内劲练习及应用。

第七步：自我修炼悟道

第二十二法，追求养生炼气，延年益寿康健。

第二十三法，追求技击练劲，瞬间克敌制胜。

第二十四法，二者兼顾成家，养生技击专家。

以上是杨维教授根据多年练习和教学经验，总结出的象形太极（太极十三形）练习程序"七步二十四法"，希望后学者认真对待。杨维教授说："凡事要有程序，程序就是规矩。没有程序会使人茫然无措，不按流程执行会使人杂乱无章。实际上人脑如电脑一样，电脑程序混乱就会死机，战争指挥程序混乱就会溃败，会议程序混乱就会无味……"古人所云"没有规矩，不成方圆"，就是这个道理。

第六节 基本手型与步型

一、基本手型

1. 横掌

拇指向上，掌外侧向下，一手运动称为"单横掌"（图2-4）；两手运动则称为"双横掌"。（图2-5）

图2-4

图2-5

2. 俯掌

掌心向下,掌背向上,一手运动称为"单俯掌"(图2-6);两手运动则称为"双俯掌"。(图2-7)

图2-6

图2-7

3. 仰掌

掌心向上,掌背向下,一手运动称为"单仰掌"(图2-8);两手运动则称为"双仰掌"。(图2-9)

图2-8

图2-9

4. 反背掌

掌心向内,掌背向前,一手运动称为"单反背掌"(图2-10);两手运动则称为"双反背掌"。(图2-11)

图2-10

图2-11

5. 抓手

五指并拢,指尖内扣,一手运动称为"单抓手"。(图2-12)

图2-12

6. 立掌

五指自然分开，掌指向上，手心撑圆向前，一手运动称为"单立掌"（图2-13）；两手运动则称为"双立掌"。（图2-14）

图2-13

图2-14

7. 抱球掌

五指自然分开，手心撑圆相对，两掌上下或左右排列，上下排列称为"立抱球掌"（图2-15）；左右排列则称为"横抱球掌"。（图2-16）

图2-15

图2-16

8. 双碟掌

五指自然分开,手心撑圆,掌根相对,上下或左右排列,上下排列称为"立双碟掌"。(图2-17)

9. 勾搂掌

四指并拢弯曲,拇指外展,若向回勾搂称为"回勾搂掌"(图2-18);若向下勾搂则称为"下勾搂掌"。

图2-17

图2-18

10. 十字掌

五指自然分开,手心撑圆,两前臂交叉,若胸前交叉称为"上十字掌"(图2-19);若腹前交叉则称为"下十字掌"。(图2-20)

图2-19

图2-20

11. 竖掌

五指自然分开，手心撑圆，掌指向上，掌外侧向前，一手运动称为"单竖掌"（图2-21）；若两手运动则称为"双竖掌"。（图2-22）

图2-21

图2-22

12. 豹咀手

四指并拢，虎口、掌心撑圆，拇指外展，掌指向前，一手运动称为"单豹咀手"。（图2-23）

13. 倒立掌

五指自然分开，手心撑圆，掌指向下，掌心向外，一手运动称为"单倒立掌"。（图2-24）

图2-23

图2-24

二、基本步型

1. 并步

两脚并拢，两膝关节挺直，称为"并步"。（图2-25）

2. 开步

两脚开立，略宽于肩，两膝关节挺直，称为"开步"。（图2-26）

图2-25

图2-26

3. 夹马步

两脚开立，两膝关节弯曲，髋关节、膝关节和踝关节三扣三圆，称为"夹马步"。（图2-27）

图2-27

4. 丁八步

一脚保持不动,另一脚尖内扣45°~90°,转腰固胯,称为"丁八步"。（图2-28）

5. 半马步

两脚斜行站立45~60°,两腿屈膝下蹲,身体重心在两腿之间,称为"半马步"。（图2-29）

图2-28

图2-29

6. 弓步

两脚前后分开,前脚尖向前,后脚尖外展,前腿弓后腿蹬,前腿膝关节弯曲,后腿膝关节伸直,前腿膝关节不能超过脚尖,称为"弓步"。（图2-30）

图2-30

7. 跟虚步

后脚尖外展,前脚跟着地,脚尖抬起,前后分开,称为"跟虚步"。(图2-31)

8. 点虚步

后脚尖外展,前脚尖着地,脚跟抬起,前后分开,称为"点虚步"。(图2-32)

图2-31

图2-32

9. 丁步

一脚尖外展,另一脚尖着地,脚跟抬起,称为"丁步"。(图2-33)

图2-33

10. 骑龙步

两腿弯曲，前腿膝关节弯曲90°，后脚尖着地，脚跟抬起，称为"骑龙步"。（图2-34）

11. 提步

一腿膝关节微屈支撑，另一脚提起紧贴在支撑腿小腿内侧，脚掌与地面平行，称为"提步"。（图2-35）

图2-34　　　　　　　　图2-35

12. 盖步

后腿膝关节微屈，前腿膝关节伸直，脚尖外展，称为"盖步"。（图2-36）

图2-36

13. 独立步

一腿膝关节微屈支撑，另一脚提起膝关节，高与胸齐，脚掌与地面平行，称为"独立步"。（图2-37）

图2-37

第三章 阴阳五行学说

本章主要介绍阴阳五行学说，从阴阳学说、阴阳的基本概念、阴阳学说的基本内容、阴阳学说在中医学中的应用、五行学说、五行的基本概念、五行学说的主要内容、五行学说在中医学中的应用八个部分内容进行研究和论述。了解阴阳五行学说，为象形太极十三势提供理论依据和实践指导，解决为什么练习象形太极十三势、如何练习、达到什么效果等诸多困惑问题。

第一节 阴阳学说

阴阳学说是中国古代哲学对立统一理论，是认识世界和解释世界的一种世界观和方法论。阴阳概念的起源很早，可以追溯到夏商时期或更早。其理论的形成最迟在战国时期，《易传》的"一阴一阳之谓道"[47]，已确立了阴阳理论，认为阴和阳这两个对立统一的方面，贯穿于一切事物之中，是一切事物运动和发展变化的根源及其规律。成书于战国至秦汉之际的《皇帝内经》[42]，引用阴阳学说来阐述人体生命科学中的诸多问题，以及人与自然的关系，使阴阳学说与人体生命科学结合起来。

阴阳学说认为，无论世界上有形的物体或无形的太虚，无论宇宙中的天体或大地上的万事万物，都有普遍的联系，处在无休止的运动之中。而一切事物的发展变化都是在阴阳的相互作用下发生的。诸如天与地、日与月、水与火、昼与夜、明与暗、寒与热、上与下、生与死等，无不是相互关联而又相互矛盾的事物和现象，此中皆可分阴阳。

阴阳学说认为，所有相互对立的事物尽管千差万别，但是矛盾的双方在属性上总表现出两类特定的相反趋向：一类趋向于明亮、活动、兴奋、向上、温热、向外、扩散、开放等；另一类趋向于晦暗、沉静、抑制、向下、寒凉、向内、凝聚、闭阖等。前一类属于阳，而后一类属于阴。由于阴阳是从具体事物或现象中抽象出来用以标示事物属性的范畴，并不代表某种具体的事物，所以《灵枢·阴阳系日月》说："且夫阴阳者，有名而无形。"[47]明确指出，阴阳是一对属性概念。

第二节 阴阳的基本概念

阴阳是宇宙相互关联的事物或现象对立双方属性的概括。阴阳的最初含义是很朴素的，是指日光的向背而言，朝向日光则为阳，背向日光则为阴。故《说文》曰："阳，高，明也。""阴，暗也，水之南山之北也。"是以日光的向背定阴阳的地方光明，温暖；背阳的地方黑暗、寒冷，于是古人就以光明、黑暗、温暖、寒冷分阴阳。在长期的生活实践中，先民们遇到种种两极现象，于是不断地引申其义，将天地、上下、日月、昼夜、水火、升降、动静、内外、雌雄等相反的事物和现象，都以阴阳来加以概括。

阴阳概念起源于《易经》的八卦和六十四卦。易卦由阴爻（--）和爻阳（—）组成。"--"标示阴，"—"标示阳，故阴阳概念起源于易卦。最早提出阴阳概念的，从目前所见资料看是《国语·周语》[44]。记载周宣王即位（公元前827年），大臣虢文公劝谏宣王不可废弛籍田的仪节。其中说："阴阳分布，震雷出滞，土不备垦，辟在司寇。"又载周幽王二年（公元前780年）有地震。伯阳父用阴阳概念来解释地震的形成，曰："阳伏而不出，阴迫而不能蒸，于是有地震。"从以上资料看，西周晚期，人们已用阴阳的矛盾运动来解释节气、地震等多种自然现象。至春秋时期，医家开始将阴阳概念用于医道。《左传·昭公元年》（公元前417年）记载：秦名医医和在为晋侯诊病时说："天有六气，降生五味，发为五色，徵为五声，淫生六疾。六气曰阴、阳、风、雨、晦、明也。分为四时，序为五节，过则为菑。阴淫寒疾，阳淫热疾，风淫末疾，雨淫腹疾，晦淫惑疾，明淫心疾。"[45]

阴阳，既可以标示相互对立的事物或现象，又可以标示同一事物内部对立着的两个方面。前者如天与地、昼与夜、水与火、寒与热等；后者如人体内部的气和血、脏与腑，中药中的温性和凉性等。一般地说，凡是运动的、外向的、上升的、温热的、无形的、明亮的、兴奋的都属于阳；相对静止的、内守的、下降的、寒冷的、有形的、晦暗的、抑制的都是属于阴。如以天地而言，则"天为阳，地为阴"。由于天气清轻向上，故属阳，地气重浊向下，故属阴。以水火而言，则"水为阴，火为阳"。由于水性寒而润下，故属阴，火性热而炎上，故属阳。以物质的运动变化而言，"阳化气，阴成形"。即指物质从有形蒸腾气化为无形的过程属于阳，物质由无形之气凝聚成形为有形之物质的过程属于阴。阴和阳的相对属性引入医学领域，即是将具有推动、温煦、兴奋等作用的物质和功能，统属于阳；对于人体具有凝聚、滋润、抑制等作用的物质和功能，统属于阴。

事物的阴阳属性。并不是绝对的，而是相对的。这种相对性，一方面，表现为阴阳双方是通过比较而分阴阳的，因此，单一事物就无法定阴阳。例如60℃的水同10℃的水相比，当属阳；但同100℃的水相比，则应属阴了。另一方面，表现于阴阳中复有阴阳。例如：昼为阳，夜为阴，而白天的上午与下午相对而言，则上午为阳中之阳，下午为阳中之阴；黑夜的前半夜与后半夜相对而言，则前半夜为阴中之阴，后半夜为阴中之阳。因此说，阴阳之中复有阴阳。由此可见，宇宙间的任何事物都可以概括为阴和阳两类，任何一种事物内部又可分为阴和阳两个方面，而每一事物内部的阴或阳的任何一方，还可以再分阴阳。这种事物既相互对立而又相互联系的现象，在自然界是无穷无尽的。故《素问·金匮真言论》说："阴中有阳，阳中有阴。"[46]《素问·阴阳离合论》说："阴阳者，数之可十，推之可百，数之可千，推之可万，万之大，不可胜数，然其要一也。"[47]

对于阴阳的基本概念，明·张介宾在《类经·阴阳类》中就将其作了高度的概括，称："阴阳者，一分为二也。"[48]但是，严格地说，任何事物都不可随意分阴阳，不能说寒属阳，热属阴，也不能说女属阳，男属阴，必须按照阴和阳所特有的属性来一分为二才是阴阳。所以，比较完整而简要的基本概念应当称：阴阳是有特定属性的一分为二。

第三节　阴阳学说的基本内容

阴阳学说的基本内容，可以从阴阳相互交感、对立制约、互根互用、消长平衡和相互转化等方面加以说明。

一、阴阳交感

所谓阴阳交感，是指阴阳二气在运动中相互感应而交合的过程。《易传·咸》说："咸，感也。柔上而刚下，二气感应以相与。"又说："天地感而万物化生。"[49]指出阴阳交感是万物化生的根本条件，如果阴阳二气在运动中不能交合感应，新事物和新个体就不会产生。故《易传·系辞下》说："天地氤氲，万物化醇；男女构精，万物化生。"[50]"天地氤氲"，是指天地阴阳二气缠绵交合，即交感。醇，此为凝厚之义，是指阴阳二气相互交感渐生凝固而成有形之万物。"男女构精"是指阴阳二性之精气的交合。此处之"男女"并非单指人的男女二性，而是泛指生物界的雌雄二类。正是由于天地阴阳二气的交感或雌雄二性之精的构合，有形的万物才能产生，新的个体才能诞生。

《内经》对天地阴阳二气的交感运动已有深刻认识。如《素问·天元纪大论》说："天有阴阳，地亦有阴阳……动静相召，上下相临，阴阳相错，而变由生也。"[51]相召、相临、相错，皆是指天地阴阳之气相互感应而交合之义。《内经》认为，天地阴阳二气相互感应交合，是万物发生和变化的根由。《素问·六微旨大论》亦说："天气下降，气流于地；地气上升，气腾于天。故高下相召，升降相应，而变作矣。"[52]

在自然界，天之阳气下降，地之阴气上升，阴阳二气交感，形成云、雾、雷电、雨、露，生命得以诞生，从而化生出万物。在阳光雨露沐浴滋润下，万物得以成长。在人类，男女媾精，新的生命个体诞生，人类得以繁衍。如果没有阴阳的交感运动，就没有生命，也没有自然界。可见，阴阳交感是生命产生的基本条件。

阴阳交感是在阴阳二气运动的过程中进行的，没有阴阳二气的运动，也就不会发生阴阳交感。可以说，阴阳二气的运动是阴阳交感得以实现的基础，阴阳交感则是阴阳二气在运动中相互感应的一个过程（阶段），是阴阳在运动过程中的一种最佳状态。这种最佳状态的实现来自于阴阳二气在运动过程中的平衡协调，即中国古代哲学家所谓的"和"。如《老子·四十二章》说："道生一，一生二，二生三，三生万物，万物负阴而抱阳，冲气以为和。"[53]"冲气以为和"，是说阴阳二气在运动中达到和谐状态时就会发生交感作用，从而产生万物。运动着的和谐之气，即是老子所说的"冲气"。庄子继承老子的思想，亦有同样的认识，他说："至阴肃肃，至阳赫赫，肃肃出乎天，赫赫发乎地，两者交通成和，而物生焉。"（《庄子外篇·田子方》）[54]管子在论人之生成时说："凡人之生也，天出其精，地出其形，合此以为人。和乃生，不和不生。"[55]（《管子·内业》）管子在这里特别强调了"和"与"生"的关系。

阴阳交感的理论告诉我们，阴阳二气是永恒运动的，当它们在运动过程中相遇而又处于和谐状态时，就会发生交感作用。阴阳的相互交感，使对立着的两种事物或力量统一于一体，于是产生了自然界，产生了万物，产生了人类，并使自然界时时处于运动变化之中。

二、阴阳对立制约

对立即相反，如上与下、天与地、动与静、出与入、升与降、昼与夜、明与暗、水与火、寒与热等。

阴阳相反导致阴阳相互制约。例如温热可以驱散寒冷，冰冷可以降低高温，水可以灭火，火可以使水沸腾而化气等。温热与火属阳，寒冷与水属阴，这就是阴阳之间的相互制约，阴阳双方制约的结果，使事物取得了动态平衡。就人体的生理机能而言，机能之亢奋为阳，抑制属阴，二者相互制约，从而维持人体机能的动态平衡。这就是人体的正常生理状态。张景岳在《类经附翼·医易》中说："动极者镇之以静，阴亢者胜之以阳。"[56]这是张氏在治法中运用动与静、阴与阳之间相互对立而制约，以达到治愈疾病的理论概括。可见，阴阳对立的两个方面并非平静地各不相关地共处于一个统一体中，而是时时刻刻在相互制约着对方。

三、阴阳互根互用

阴阳互根是指一切事物或现象中相互对立着的阴阳两个方面，具有相互依存、互为根本的关系。即阴和阳任何一方都不能脱离另一方而单独存在，每一方都以相对的另一方的存在作为自己存在的前提和条件。如上为阳，下为阴，没有上也就无所谓下，没有下也就无所谓上。热为阳，寒为阴，没有热也就无所谓寒，没有寒也就无所谓热等。所以说阳依存于阴，阴依存于阳。中医学把阴阳的这种相互依存关系，称之为"互根"。

"互用"是指阴阳双方不断地资生、促进和助长对方。如《素问·生气通天论》说："阴者，藏精而起亟也；阳者，卫外而为固也"[61]。是说藏于体内的阴精，不断地化生为阳气；保卫于体表的阳气，使阴精得以固守于内。《素问·阴阳应象大论》说："阴在内，阳之守也；阳在外，阴之使也。"指出阴精在内，是阳气的根据；阳气在外，是阴精所化生的（役使）。

《内经》以降，历代医家均从不同角度阐释了阴阳互根互用的机理。如《医贯·阴阳论》说："扨阴阳又各互为其根，阳根于阴，阴根于阳；无阳则阴无以生，无阴则阳无以化。"因此，阳不能自立，必得阴而后立，故阳以阴为基，而阴为阳之母；阴不能自见，必得阳而后见，故阴以阳为统，而阳为阴之父。根阳根阴，天人一理也。

四、阴阳消长平衡

消，即减少；长，即增加。阴阳消长是指一事物中所含阴阳的量和阴与阳之间的比例不是一成不变的，而是不断地消长变化着。

阴阳消长大体可概括为四种类型：

1. 此长彼消

即阴长阳消，阳长阴消，这是由于制约较强造成的。阴阳相互对立制约。双方势均力敌，则保持相对的平衡，若因某种缘故，使阴阳中的任何一方增长而强盛，势必制约对方的力量增强，从而引起对方的消减。在疾病中热盛伤阴、寒盛伤阳皆属此类。即《索问·阴阳应象大论》所说的"阴胜则阳病，阳胜则阴病"。

2. 此消彼长

即阴消阳长，阳消阴长，这是制约不及所造成的。阴阳相互制约而导致平衡，若阴阳任何一方不足，无力制约对方，势必引起对方增长，甚至偏亢。在疾病中的阴虚火旺、阳虚阴盛皆属此类。唐·王冰在注解《素问·至真要大论》时所提出的"壮水之主，以制阳光；益火之源，以消阴翳"即专为此类病机而设。

3. 此长彼亦长

即阴长阳长，阳长阴长，这是互根互用得当的结果。阴阳双方相互依赖和资助对方，称为互根互用。若互用得当，一方旺盛，则可促进另一方亦随之增长，临床上所用的补气以生血、补血以养气、阳中求阴、阴中求阳等治法，皆以此为理论基础。

4. 此消彼亦消

即阴消阳消，阳消阴消，这是互根互用不及所造成的。阴阳双方中的任何一方虚弱，无力资生助长对方，结果对方亦随之消减而虚弱。临床上常见到的气虚引起血虚、血虚必然气虚、阳损及阴、阴损及阳皆属此类。

阴阳消长只是阴阳变化的过程，而导致这种过程出现的根本原理则是阴阳的对立制约与互根互用。世界上的事物十分复杂，变化万千，性质各异，因而各类事物中的阴阳相互关系亦各有侧重。有些事物中的阴阳关系以对立制约为主，如寒与热；另一些事物中的阴阳关系却以互根互用为主。如气与血。正因为如此，一旦出现过度的阴阳消长时，前者多表现为此长彼消、此消彼长；后者则多出现此长彼亦长，此消彼亦消。

阴阳消长稳定在一定范围内称为平衡。如一年之内，春季阳长阴消，夏季则明显的阳盛于阴，秋季阴长阳消，冬季则显著的阴盛于阳；一日之内，早上阳长阴消，日中阳最旺，黄昏阴长阳消，夜半阴最盛；人亦与自然相应，日间阳多阴少，兴奋而体温偏高，夜间阴多阳少，抑制而体温偏低。可见自然界与人身之阴阳，无时无刻不在消长变化之中，但只要这种消长稳定在一定范围之内，没有超越一定的限度，皆可认为处于平衡状态。如果消长过度，则平衡被破坏，在自然界则形成灾害，如过寒、过热、水灾、旱灾之类；在人体则引起病变，如寒证、热证、虚证、实证等。

五、阴阳相互转化

阴阳转化，指一事物的总体属性在一定条件下，可以向其相反的方向转化，即属阳的事物可以转化为属阴的事物，属阴的事物可以转化为属阳的事物。例如气候，属阳的夏天可以转化为属阴的冬天，属阴的冬天又可转化成属阳的夏天。人体的病证，属阳的热证可以转化为属阴的寒证，属阴的寒证又可以转化为属阳的热证。

阴阳转化是阴阳运动的又一基本形式。阴阳双方的消长运动发展到一定阶段，事物内部阴与阳的比例出现了颠倒，则该事物的属性即发生转化，所以说转化是消长的结果。阴阳相互转化，一般都产生于事物发展变化的"物极"阶段，即所谓"物极必反"。因此，在事物的发展过程中，如果说阴阳消长是一个量变的过程，则阴阳转化是在量变基础上的质变。

《内经》用"重阴必阳，重阳必阴""寒极生热，热极生寒"（《素问·阴阳应象大论》）和"物之生从于化、物之极由乎变"（《素问·六微旨大论》）来阐释阴阳转化的机理。"生、化、极、变"是事物发生发展的规律。任何事物都在不断运动变化之中，不可能是静止不变的。故《素问·六微旨大论》说："成败倚伏生乎动，动而不已，则变作矣。"事物的发生发展规律总是由小到大，由盛而衰，即是说事物发展到极点就要向它的反面转化。《素问·天元纪大论》所说的"物生谓之化"[58]，是指事物由小到大的发展阶段；"物极谓之变"，是指事物发展到极点，由盛到衰，向它反面转化的阶段。由此可见，阴阳的相互转化，即是指任何事物在发展过程中都存在着"物极必反"的规律。"重阴必阳，重阳必阴"的"重""寒极生热，热极生寒"的"极"以及"寒甚则热，热甚则寒"《灵枢·论疾诊尺》的"甚"[63]，即是事物发生转化的内部因素和条件。

　　阴阳的相互转化，既可以表现为渐变形式，又可以表现为突变的形式。如一年四季之中的寒暑交替，一天之中的昼夜转化等，即属于"渐变"的形式；夏天极热天气的骤冷和下冰雹，急性热病中，由高热突然出现体温下降、四肢厥冷等，即属于"突变"的形式。

　　在疾病的发展过程中，阴阳的转化常常表现为在一定条件下表证与里证、寒证与热证、虚证与实证、阴证与阳证的相互转化等。如邪热壅肺的病人，表现为高热、面红、咳喘、气粗、烦渴、脉数有力等，属于阳热实证。在极热的情况下，由于大量耗伤人体的正气，而突然出现面色苍白、四肢厥冷、精神萎靡、脉微欲绝等一派虚寒表现的阴证。再如寒饮中阻的患者，本为阴证，但寒饮停留日久或由于用药的原因，寒饮可以化热，转为阳证。上述两个病例中，前者的热毒极重，后者的寒饮停久而化热，即是促成阴阳相互转化的内在因素和条件。

　　综上所述，阴阳的交感、对立制约、互根互用、消长平衡及其相互转化，是从不同的角度来说明阴阳之间的相互关系及其运动规律的，它们之间不是孤立的，而是互相联系的。阴阳交感是阴阳最基本的前提。万物就在阴阳交感中产生，没有阴阳交感，就没有世界，其他规律也就无从论及了。阴阳的互根互用说明了阴阳双方彼此依存，互相促进，相互为用，不可分离。对立制约是阴阳最普遍的规律，事物内部阴和阳两个方面通过对立制约而取得平衡。阴阳对立制约和互根互用是阴阳学说中最根本的原理。阴阳消长是阴阳运动的形式，阴阳消长稳定在一定范围内，则取得动态平衡。阴阳的相互转化也是阴阳运动的一种基本形式，是阴阳消长的结果。阴阳的运动是永恒的，而平衡是相对的。但是，这种相对的平衡对于自然界和人类至关重要，如果没有这相对的平衡，矛盾总是处于不停的运动和相互转化之中，那么物质世界就将瞬息万变，就不可能有相对稳定的物质形态，生命现象当然也就不可能存在。

第四节 阴阳学说在中医学中的应用

阴阳学说贯穿于中医学的各个领域，用来说明人体的组织结构、生理功能、病理变化，并指导养生和临床的诊断与治疗。

一、说明人体的组织结构

阴阳学说认为，人体是由阴阳结合而成的有机整体，而各个组织结构，又都可以根据其所在的部位、机能特点来划分其阴阳属性。故《素问·宝命全形论》说："人生有形，不离阴阳。"[60]《素问·金匮真言论》更具体地提出："夫言人之阴阳，则外为阳，内为阴。言人身之阴阳，则背为阳，腹为阴。言人身之脏腑中阴阳，则脏者为阴，腑者为阳。肝、心脾、肺、肾五脏皆为阴，胆、胃、大肠、小肠、膀胱、三焦六腑皆为阳。"

确定人体脏腑组织的阴阳属性，人体上有两个方面：一是依据解剖的大体部位，如以上下部位相对而言，则上为阳，下为阴；体表与体内而言，则体表为阳，体内为阴，躯干的背腹而言，则背为阳，腹为阴；四肢的内外侧相对而言，则外侧为阳，内侧为阴等。二是依据其生理活动的相对属性，如以五脏的"藏精气而不泻"与六腑的"传化物而不藏"相对而言，则五脏属阴，六腑属阳等。由于阴阳的属性是无限可分的，所以在阴阳之中还可再分阴阳。如以背肺分阴阳，则"背为阳，阳中之阳，心也；背为阳，阳中之阴，肺也。腹为阴，阴中之阴，肾也；腹为阴，阴中之阳，肝也；腹为阴，阴中之至阴，脾也"。《素问·金匮真言论》就一个脏而言，又有阴、阳之分，如心有心阴、心阳；肝有肝阴、肝阳；肾有肾阴、肾阳等。

人体经络系统也分阴阳，其中正经十二经脉，即有手足三阴三阳，阳经行于肢体的外侧面，阴经循行于肢体的内侧面。奇经八脉中的跷脉与维脉，行于身之内侧者，称阴跷、阴维，行于身之外侧者，称阳跷、阳维。督脉行于背，又有总督阳经的功能，故称为"阳脉之海"；任脉行于腹，具有任养各阴经的作用，故称为"阴脉之海"。

总之，人体脏腑、经络等组织结构，均可以根据其所在的上下、内外、表里、前后等各相对部位、相对的功能活动特点来概括其阴阳属性，并进而说明它们之间的对立统一关系。

二、说明人体的生理功能

对于人体的生理功能，无论就其整体还是就其分部而言，都可以用阴阳来加以概括说明。人体正常的生命活动，是阴阳保持协调平衡的结果。例如升降出入，是人体气机运动的基本形式。阳主升，阴主降；阳主出，阴主入。人体的生理功能，均是通过气的升降出入而实现的。如清阳上升，浊阴下降；清阳外发腠理，浊阴内走五脏；清阳外实四肢，浊阴内归六腑；以及脾升胃降等，无不属于阴阳升降出入的运动。升降出入协调平衡，则正常，反之则病。

阴阳还常用来区分人体内各种具有不同生理功能的物质，如把具有固护、温煦肌表作用的"卫气"叫做"卫阳"；把能化生血液、具有濡养作用的"营气"称之为"营阴"。营卫和谐则正常，营卫不和则病。

总之，人体的一切生理功能，都可以用阴阳这个概念来说明，故《素问·生气通天论》说："生之本，本于阴阳。"

三、说明人体的病理变化

人体内阴阳之间的消长平衡是维持正常生命活动的基本条件。而阴阳失调，则是一切疾病发生的基本原因之一。

疾病的发生与发展，关系到人体的正气和邪气两个方面。正气，是指人体的机能活动及其对病邪的抵抗能力，对外界环境的适应能力和对损伤组织的修复能力等。邪气，泛指各种致病因素，而这些又都可以用阴阳来概括说明。正气分阴阳，包括阴气与阳气；邪气也有阴邪和阳邪之分，如六淫致病因素中的寒湿为阴邪，风、暑、热（火）、燥为阳邪。疾病过程，多为邪正斗争的过程，其结果是引起机体的阴阳偏胜（盛）或偏衰，所以无论疾病的病理变化多么复杂，都可用阴阳的偏胜（盛）和偏衰来进行概括。

1. 阴阳偏胜（盛）

"胜"是指邪气盛。阴阳偏胜，即指阴邪或阳邪偏盛，属于阴或阳任何一方高于正常水平的病理状态。《素问·阴阳应象大论》指出："阴胜则阳病，阳胜则阴病，阳胜则热，阴胜则寒"。

阳胜则热，阳胜则阴病：阳胜是阳邪侵犯人体，"邪并于阳"而使"阳"亢盛所致的一类疾病。由于阳的特性是热，故说"阳胜则热"。如温热之邪侵犯人体，可出现高热、烦躁、面赤、脉数等"阳胜则热"的热证。由于阳能制约阴，故在阳胜时必然要消耗和制约机体的阴，使津液产生减少，而出现滋润不足、干燥的表现，即所谓"阳胜则阴病"。故外感温热病，至其发展，必然会出现口干唇燥、舌红少津等"阳胜伤阴"之症。

阴胜则寒，阴胜则阳病：阴胜是阴邪侵犯人体，"邪并于阴"而使"阴"亢盛所致的一类疾病。由于阴的特性是寒，故说"阴胜则寒"。如寒邪直中太阴，可出现面白形寒、脘腹冷痛、泻下清稀、舌质淡苔白、脉沉迟或沉紧等"阴胜则寒"的寒证。由于阴能制约阳，故在阴胜时必然会损耗和制约机体的阳气，导致其虚衰，故说"阴胜则阳病"。仍以寒邪直中内脏为例，随着病情的发展，可出现肢冷、踡缩、脉迟伏或细微欲绝等"阴胜伤阳"或"阴胜阳衰"之症。

阴阳偏胜（盛）所形成的病证是实证，阳邪偏胜（盛）则导致实热证，阴邪偏胜（盛）则导致实寒证。故《素问·通评虚实论》说："邪气盛则实。"[61]

2. 阴阳偏衰

阴阳偏衰即阴虚、阳虚，是属于阴阳任何一方低于正常水平的病理状态。《素问·调经论》指出："阳虚则外寒，阴虚则内热。"[62]

阳虚则寒：阳虚泛指人体阳气虚衰。根据阴阳相互制约的原理，阴或阳任何一方的不足，无力制约对方，必然会导致另一方相对的偏胜。阳虚不能制约阴，则阴相对偏亢而出现寒象。如机体阳气虚弱，可出现面色苍白、畏寒肢冷、神疲踡卧、自汗、脉微等"阳虚则寒"的虚寒证。

阴虚则热：人体之阴气有制约阳热的功能，阴虚不能制阳，则阳相对偏亢而出现热象。如久病耗阴或素体阴虚，可出现潮热、盗汗、五心烦热、口干舌燥、脉细数等"阴虚则热"的虚热。

阴阳偏衰所导致的病证是虚证，阴虚则出现虚热证，阳虚则产生虚寒证。故《素问·通评虚实论》说："精气夺则虚。"

综上所述，尽管疾病的病理变化复杂多端，但均可用阴阳失调（偏胜偏衰）来概括说明。

由于阴阳之间互根互用，所以在阴阳偏衰到一定程度时，就会出现阴损及阳、阳损及阴的阴阳互损的情况。当阳虚至一定程度时，因阳虚不能生阴，继而出现阴虚的现象，称为"阳损及阴"。同样，当阴虚至一定程度时，因阴虚不能生阳，继而出现阳虚的现象，称为"阴损及阳"。"阳损及阴"或"阴损及阳"，最终都导致"阴阳两虚"。阴阳两虚并不是阴阳双方处于低水平的平衡状态，同样存在着偏于阳虚或偏于阴虚的不同。

四、用于疾病的诊断

阴阳学说用于疾病的诊断，是以阴阳来概括说明病变部位、性质及各种症候的属性，从而作为辨证的纲领。故《素问·阴阳应象大论》说："善诊者，察色按脉，先别阴阳。"

1. 分析色泽、声息、症状、脉象和病变部位的阴阳属性

辨别色泽的阴阳，则黄、赤色属阳，青、白、黑色属阴；色泽鲜明属阳，晦暗属阴。辨别声息的阴阳，则语声高亢洪亮者属阳，语声低微无力者属阴。呼吸有力而声高气粗者属阳，呼吸微弱而声低气怯者属阴。辨别症状的阴阳，多依据症状的寒热、润燥、动静来区别其阴阳属性。例如，身热属阳，身寒属阴；口干而渴属阳，口润不渴属阴；躁动不安属阳，蜷卧静默属阴等。辨脉之阴阳，以部位分，则寸为阳，尺为阴；以动态分，则至者为阳，去者为阴；以至数分，则数者为阳，迟者为阴；以形态分，则浮大洪滑为阳，沉涩细小为阴。辨别疾病部位的阴阳属性，则在表、在外、在上者属阳，在里、在内、在

下者属阴。

2. 辨别症候的阴阳属性

在辨证中，一般首先以阴、阳、表、里、寒、热、虚、实作为辨证的纲领，而在八纲之中又以阴阳为总纲，即以阴阳统率表里、寒热、虚实。表、热、实属阳；里、寒、虚属阴。在临床辨证中，首先要分清阴阳，才能抓住疾病的本质，做到执简驭繁。清代医家程钟龄在《医学心悟》中说："病有总要，寒热虚实表里阴阳八字而已。至于病之阴阳，统上六字而言，所包者广。热者为阳，实者为阳，在表者为阳；寒者为阴，虚者为阴，在里者为阴。"[63]

总之，无论望、闻、问、切四诊，都应以分清阴阳为首要任务，只有掌握阴阳在辨证中的规律，才能正确分析和判断疾病的阴阳属性。所以说："凡诊病施治，必须先审阴阳，乃为医道之纲领，阴阳无谬，治焉有差？医道虽繁，而可以一言蔽之者，曰阴阳而已。故证有阴阳，脉有阴阳，药有阴阳……设能明彻阴阳，则医理虽玄，思过半矣。"（《景岳全书·传忠录》）[64]

五、用于疾病的防治

调理阴阳，使之保持或恢复相对平衡，达到阴平阳秘，是防治疾病的基本原则，也是阴阳学说用于疾病防治的主要内容。

1. 指导养生

注重养生是保持健康无病的重要手段，而养生最根本的就是善于调理阴阳。人体的阴阳，是生命的根本。自然界有春、夏、秋、冬四时之变化，即所谓"四时阴阳"。善于养生者，就要使人体中的阴阳与四时的阴阳变化相适应，以保持人与自然界的协调统一，以延年益寿。《素问·四气调神大论》说："夫四时阴阳者，万物之根本也，所以圣人春夏养阳，秋冬养阴，以从其根，故与万物沉浮于生长之门。逆其根，则伐其本，坏其真矣。"[65]指出了调养四时阴阳的基本原则及其重要性。

2. 用于疾病的治疗

阴阳学说用于指导疾病的治疗，其基本点，就是首先把握阴阳失调的状况，用药物、针灸等治疗方法调整其阴阳的偏胜偏衰，以恢复阴阳的协调平衡。故《素问·至真要大论》说："谨察阴阳所在而调之，以平为期。"[66]具体而言，一是确定治疗原则，二是分析和归纳药物的性能。

（1）确定治疗原则：由于疾病发生发展的根本原因是阴阳失调，因此，调整阴阳，补其不足，损其有余，恢复阴阳的协调平衡，促使阴平阳秘，就是治疗疾病的根本原则。

阴阳偏胜（盛）的治疗原则：阴阳偏胜形成的是实证，故总的治疗原则是"实者泻之"，即损其有余。分而言之，阳邪盛而导致的实热证，则用"热者寒之"的治疗方法；阴邪盛而导致的寒实证，则用"寒者热之"的治疗方法。若在阳盛或阴盛的同时，由于"阳胜则阴病"或"阴胜则阳病"而出现阴虚或阳虚时，则又当兼顾其不足，于"实者泻之"之中配以滋阴或助阳之品。

阴阳偏衰的治疗原则：阴阳偏衰出现的是虚证，故总的治疗原则是"虚者补之"，即补其不足。分而言之，阴偏衰产生的是"阴虚则热"的虚热证，治疗当滋阴以抑阳。用"壮水之主，以制阳光"的治法，《内经》称这种治法为"阳病治阴"。阳偏衰产生的是"阳虚则寒"的虚寒证，治疗当扶阳制阴，用"益火之源，以消阴翳"的治法，《内经》称这种治法为"阴病治阳"。对于阴阳偏胜偏衰的治疗，张景岳根据阴阳互根的原理，提出了阴中求阳、阳中求阴的治疗大法，他说："善补阳者，必于阴中求阳，则阳得阴助而生化无穷；善补阴者，必于阳中求阴，则阴得阳升而泉源不竭。"（《景岳全书·新方八阵·补略》）。

（2）分析和归纳药物性能的阴阳属性：阴阳学说用于疾病的治疗，不仅用于确定治疗原则，而且用来概括药物的性能，作为指导临床用药的根据。治疗疾病，不但要有正确的诊断和治疗方法，还必须熟练地掌握药物的性能。根据确定的治疗原则，选用适宜药物，才能收到良好的治疗效果。

药物的性能，一般地说，主要靠它的气（性）、味和升降浮沉来决定，而药物的气、味和升降沉浮，又皆可以用阴阳来归纳说明。

药性，主要是寒、热、温、凉四种药性，又称"四气"。其中寒凉属阴（凉次于寒），温热属阳（温次于热）。一般属于寒性或凉性的药物，能清泄阳热之邪，减轻或消除机体的热象；一般属于热性或温性的药物，能驱除阴寒之邪，减轻或消除机体的寒象。

五味，就是酸、苦、甘、辛、咸五种味。有些药物具有淡味或涩味，故实际上不止五味，但习惯上仍称为"五味"。其中味辛、甘、淡者属阳，味酸、苦、咸者属阴。《素问·至真要大论》说："辛甘发散为阳，酸苦涌泄为阴，咸味涌泄为阴，淡味渗泄为阳。"出辛甘之味具有发散之功效，酸苦咸之味具有涌吐、泻下之功效，淡味具有渗利小便之功效。

升降浮沉，是指药物在体内发挥作用的趋向。升是上升，浮为向外浮于表；升浮之药，其性多具有上升发散的特点，符合于阳的属性，故属阳。降是下降，沉为向内沉于里；沉降之药，其性多具有内收、泻下、重镇的特点，符合于阴的属性，故属阴。

总之，治疗疾病，就是根据病证的阴阳偏盛偏衰情况，确定治疗原则，再根据药物性能的阴阳属性，选择相宜的药物，以调整机体阴阳失调状态，从而达到治愈疾病之目的。

第五节　五行学说

五行学说同阴阳学说一样，也属于古代哲学的范畴。五行学说是以木、火、土、金、水五种物质的特性及其"相生"和"相克"规律来认识世界、解释世界和探求宇宙规律的一种世界观和方法论。

五行学说的起源，一般认为是从"五方说"和"五材说"等演化而来。早在殷商（或更早）时期先民们已具备了五方的观念，如在殷商甲骨文中，已有"东土受年""西土受年""北土受年""南土受年"和"王贞受中商年"以及"癸卯，今日雨。其自西来雨？其自东来雨？其自北来雨？其自南来雨？"等卜辞（《卜辞通纂·天象门》）[67]。可见在那时已开始用五方观念来确定空间方位。"五材"是指水、火、金、木、土,是人类生活和生产劳动所必需的不可缺少的基本物质。如《左传·襄公二十七年》说:"天生五材,民并用之,废一不可。"五行是木、火、土、金、水五种物质及其运行变化。五行中每一行不仅代表一种功能属性,即"水曰润下,火曰炎上,木曰曲直,金曰从革,土爱稼穑"(《尚书·洪范》)。[68]它们之间具有生克和制化的关系,通过这些相互作用的关系,五行整体获得动态平衡,从而维持事物的生存和发展。

五行学说认为世界是物质的,宇宙世界是由木、火、土、金、水五种基本物质构成的,宇宙中一切事物是由木、火、土、金、水五种基本物质"相杂"和"相和"而化生的。如《国语·郑语》说:"故先王以土与金木水火杂,以成百物。"[69]因此,宇宙间一切事物都可以按照五行的特性进行归类。五行之间的"相生""相克"规律是宇宙间各种事物普遍联系的基本法则,如《类经图翼·运气·五行统论》说:"盖造化之机不可无生,亦不可无制。无生则发育无由,无制则亢而为害。生克循环,运行不息,而天之道,斯无穷已。"

《黄帝内经》将五行学说应用于医学,使哲学理论与医学知识有机结合,形成了中医学的五行学说。中医学用五行学说认识人体局部、局部与整体、体表与内脏的有机联系以及人体与外在环境的统一。五行学说贯穿于中医学的各个方面,用以说明人体的生理病理,并指导临床的诊断和治疗,成为中医学理论体系的重要组成部分。

第六节　五行的基本概念

五行,即木、火、土、金、水五种物质及其运动变化。五行中的"五",即是指木、火、土、金、水等构成世界的五种物质,"行"是指这五种物质的运动和变化。如《尚书正义》说:"言五者,各有才干也,谓之行者,若在天,则为五气流注;在地,世所行用也。"[70]

五行的最初涵义与"五材"有关,即水、火、金、木、土这五种人类生活和生产最为常见的物质。人类对五行的认识和阴阳一样,也经历了一个漫长的历史过程，是伴随着人类的不断进化以及对每种物质的发现和应用，逐步形成和完善起来的。早在五千万年前人类就知道用火。在北京周口店山顶洞人遗址中有赤铁矿砂，仰韶遗址中有陶器等，都充分说明人类对金、对土的认识和应用达到了一定的水平，从而也证明了五行的真正起源是来自我们祖先的生活和生产实践活动。即如《尚书大传》所说："水火者，百姓之所饮食也；金木者，百姓之所兴作也；土者，万物之所资生也，是为人用。"《尚书·洪范》对五行的认识又有了很大的发展，说："一曰水，二曰火，三曰木，四曰金，五曰土。水曰润下，火曰炎上，木曰曲直，金曰从革，土爰稼穑。"对五行的特性作了经典性阐释，使这五种物质的各自特性作为把各种事物进行归类的基本依据，并以木生火、火生土、土生金、金生水、水生木和木克土、土克水、水克火、火克金、金克木的"相生""相克"规律作为阐释各种事物普遍联系的基本法则，从而形成了五行学说。

第七节　五行学说的主要内容

五行学说，是以五行的抽象特性来归纳各种事物，以五行之间的"相生""相克"关系来阐释宇宙中各种事物或现象之间的相互联系及协调平衡的。五行学说的主要内容包括：五行的特性；事物五行属性的推演和分类；五行之间的生克制化、乘侮和母子相及。

一、五行各自的特性

五行各自的特性，是古人在长期的生活和生产实践中，对木、火、土、金、水五种物质的直观观察和朴素认识的基础上，进行抽象而逐渐形成的理性概念，是用以识别各种事物的五行属性的基本依据。一般认为，《尚书·洪范》所说的"水曰润下，火曰炎上，木曰曲直，金曰从革，土爰稼穑"是对五行特性的经典性概括。现分述如下：

1. 木的特性

"木曰曲直"。"曲"，屈也；"直"，伸也。"曲直"，即是指树木的枝条具有生长、柔和、能曲又能直的特性，因而引申为凡有生长、升发、条达、舒畅等性质或作用的事物，均归属于木。

2. 火的特性

"火曰炎上"。"炎"，是焚烧、热烈之义；"上"，是上升。"炎上"，是指火具有温热、上升的特性。因而引申为具有温热、向上等性质或作用的事物，均归属于火。

3. 土的特性

"土爰稼穑"。"爰"，通"曰"；"稼"，即种植谷物；"穑"，即收获谷物。"稼穑"，泛指人类种植和收获谷物的农事活动，因而引申为凡具有生化、承载、受纳等性质或作用的事物，均归属于土。故有"土载四行""万物土中生""万物土中灭"和"土为万物之母"之说。

4. 金的特性

"金曰从革"。"从"，由也，说明金的来源；"革"，即变革。"从革"，即说明金是通过变革而产生的。自然界里现成的金属极少，绝大多数的金属都是由矿石经过冶炼而产生的。矿石属土，冶炼即变革的过程，可见金是土经过变革而成的，所以自古有"革土生金"之说，故曰"金曰从革"。金之质地沉重，且常用于杀戮，因而凡具有沉降、肃杀、收敛等性质或作用的事物，都归属于金。

5. 水的特性

"水曰润下"。"润"，即潮湿、滋润、濡润；"下"，即向下、下行。"润下"，是指水滋润下行的特点。故引申为凡具有滋润、下行、寒凉、闭藏等性质或作用的事物，皆归属于水。

由上可知，在五行学说中，五行已脱离了木、火、土、金、水五种物质的本身涵义，而以五行的抽象特性来归纳各种事物和现象。

二、事物按五行属性进行归类

1. 事物按五行属性归类的方法

五行学说是按五行的特性来对事物进行归类的，具体的归类方法是：

（1）取象比类法："取象"，即是从事物的形象（形态、作用、性质）中找出能反映本质的特有征象；"比类"，即是以五行各自的抽象属性为基准，与某种事物所特有的征象相比较，以确定其五行的归属。如事物属性与木的特性相类似，则将其归属于木，与水的特性相类似，则将其归属于水等。例如，以方位配五行：日出东方，与木之升发特性相似，故东方归属于木；南方炎热，与火特性相类似，故南方归属于火；日落于西，与金之沉降相类似，故西方归属于金；北方寒冷，与水之特性相类似，故北方归属于水；中原地带，土地肥沃，万物繁茂，与土之特性相类似，故中央归属于土。

（2）推演络绎法：即根据已知的某些事物的五行归属，推演归纳其他相关的事物，从而确定这些事物的五行归属。例如，已知肝属木，由于肝合胆、主筋、其华在爪、开窍于目，因此可推演络绎胆、筋、爪、目皆属于木；同样心属火，则小肠、脉、面、舌亦属于火；脾属土，则胃、肌肉、唇、口亦属于土；肺属金，则大肠、皮肤、毛发、鼻亦属于金；肾属水，则膀胱、骨、发、耳、二阴等亦属于水。

2. 对事物的五行归类

中医学五行学说，将自然界各种事物和现象以及人体的脏腑组织、器官、生理病理现象，作了广泛的联系，并以"取象比类"或"推演络绎"的方法，按照事物的不同形态、性质和作用，分别归属于木、火、土、金、水"五行"之中，用以阐释人体脏腑组织之间在生理、病理方面的复杂联系，以及人体与外在环境之间的相互关系，从而将人体生命活动和自然界的事物和现象联系起来，形成了联系内外环境的五行系统，以此说明人体本身以及人与环境之间的统一性。现将自然界和人体有关事物或现象的五行归属列表如下：

自然界					五行	人体					
五味	五色	五化	五气	五方	五季		五脏	五腑	五官	形体	情志	五声	五音
酸	青	生	风	东	春	木	肝	胆	目	筋	怒	呼	角
苦	赤	长	暑	南	夏	火	心	小肠	舌	脉	喜	笑	徵
甘	黄	化	湿	中	长夏	土	脾	胃	口	肉	思	歌	宫
辛	白	收	燥	西	秋	金	肺	大肠	鼻	皮毛	悲	哭	商
咸	黑	藏	寒	北	冬	水	肾	膀胱	耳	骨	恐	呻	羽

三、五行的相生、相克和制化

五行之间的相生相克和制化，是指木、火、土、金、水相互之间不是孤立、静止不变的，而是存在着有序的"相生""相克"以及制化关系，从而维持事物生化不息的动态平衡，这是五行之间关系正常的状态。

1. 五行相生

一生即资生、助长、促进之意。五行相生，是指木、火、土、金、水之间存在着有序的依次递相资生、助长和促进的关系。

五行之间的递相资生次序是：木生火，火生土，土生金，金生水，水生木。在五行相生关系中，任何一行都具有"生我"和"我生"两方面的关系。"生我"者为母，"我生"者为子，在《难经》[75]中比喻为母子关系，因此五行相生关系又称为母子关系。以火为例，由于木生火，故"生我"者为木；由于火生土，故"我生"者为土。因此，木为火之"母"，土为火之"子"，木和火是母子关系，火和土也构成母子关系。

2. 五行相克

克有克制、抑制、制约之意。五行相克，是指木、火、土、金、水之间存在着有序的间隔递相克制、制约的关系。

五行之间的递相克制次序是：木克土、土克水、水克火、火克金、金克木。在相克关系中，任何一行都具有"克我"和"我克"两方面的关系。"克我"者为"所不胜"；"我克"者为"所胜"。故《内经》把相克关系称为"所胜""所不胜"关系。以木为例，由于木克土，故"我克"者为土，土为木之"所胜"；由于金克木，故"克我"者为金，金为木之"所不胜"。

3. 五行制化

制，即制约、克制；化，即化生、变化。五行制化是指五行之间相互生化、相互制约，以维持平衡协调的关系。

五行制化关系，是五行生克关系的相互结合。而五行的相生和相克是不可分割的两个方面：没有生，就没有事物的发生和成长；没有克，事物就会过分亢盛而为害，就不能维持事物间正常协调关系。因此，必须有克有生，相辅相成，才能维持和促进事物的平衡协调和发展变化。故《类经图翼·运气上》说："盖造化之机，不可无生，亦不可无制。无生则发育无由，无制则亢而为害。"

从上述相辅相成的生克制化关系中，还可以看出五行之间的协调平衡是相对的。因为相生相克的过程，也是事物运动变化的过程，在此过程中，时刻会出现一定限度的太过或不及的现象，而这种现象的出现，其本身就会引起再一次生克制化的调节。这样，随之出现再一次的协调平衡。这种在不平衡中求得平衡，而平衡又被新的不平衡所代替的运动，就不断地推动着事物的变化和发展。

四、五行的相乘、相侮和母子相及

五行的相乘和相侮，是五行之间的异常克制现象；母子相及则是五行之间相生关系异常的变化。

1. 五行相乘

乘，凌也，即欺负之意。五行相乘，是指五行中某一行对其所胜一行的过度克制。

五行相乘的次序与相克相同，即木乘土、土乘水、水乘火、火乘金、金乘木。五行之间"相乘"的概念，首见于《内经》。如《素问·六节藏象论》说："未至而乎（指应时之运气先时而至），此谓太过，则薄所不胜而乘所胜也。"《素问·五运行大论》说："其不及，则己所不胜，侮而乘之。"说明引起五行之间相乘的原因，有"太过"和"不及"两个方面，太过所致的相乘，是指五行中某一行过于亢盛，对其所胜一行进行超过正常限度的克制，引起其所胜一行的虚弱，从而导致五行之间生克制化的异常。以木克土为例，正常情况下，木克土，如木气过于亢盛，对土克制太过，土本无不足，但亦难以承受木的过度克制，导致土的不足。这种"相乘"现象，称为"木乘土"。

不及所致的相乘，是指五行中某一行过于虚弱，难以抵御其所不胜一行的正常限度的克制，使其本身更显虚弱。仍以木克土为例，正常情况下，木能制约土，若土气过于不足，木虽然处于正常水平，土仍难以承受木的克制，因而导致木克土的力量相对增强，使土更显不足。这种"相乘"现象，称为"土虚木乘"。

"相乘"与"相克"尽管在次序上相同，但是二者是有区别的。相克是正常情况下五行之间递相制约的关系，相乘则是五行之间的异常制约现象，故不称"克"而谓之"乘"。在人体，前者为生理现象，后者为病理现象。

2. 五行相侮

侮，亦为欺侮、欺凌之意。五行相侮，是指五行中某一行对其所不胜行的反向克制，即反克，又称"反侮"。

五行相侮的次序是：木侮金、金侮火、火侮水、水侮土、土侮木。五行之间的"相侮"的概念，亦首见《内经》。如《素问·五运行大论》说："气有余，则制己所胜而侮所小胜；其不及，则己所不胜侮而乘之，己所胜轻而侮之。"可见，引起五行之间相侮的原因同相乘一样，也有"太过"和"不及"两个方面：太过所致的相侮，是指五行中的某一行过于强盛，使原来克制它的一行不仅不能来克制它，反而受到它的反向克制。例如，木气过于亢盛，其所不胜一行金不仅不能来克木，反而被木所欺侮，出现"木反侮金"的逆向克制现象。这种现象称为"木侮金"。

不及所致的相侮，是指五行中某一行过于虚弱，不仅不能制约其所胜的一行，反而受到其所胜的一行的"反克"。如正常情况下，金克木、木克土，但当木过度虚弱时，则不仅金来乘木，而且土也会因木之衰弱而"反克"之。这种现象称为"土侮木"。

五行之间的相乘和相侮，均为五行之间生克制化关系遭到破坏后出现的异常相克现象，两者皆可由五行中任何一行的"太过"或"不及"而引起，两者既有区别又有联系。其主要区别是：相乘是按五行之间递相克制的次序出现的，相侮则是逆着五行相克的次序而出现的反克现象。两者之间的联系是：在发生相乘时，也同时发生相侮；在发生相侮时，也可同时发生相乘。实际上，相乘和相侮是密切相关的，是一个问题的两个方面。兹将两者统一起来进行分析，如木气过强时，不仅会过度克制其所胜之土，而且可以恃己之强反向克制己所不胜之金；反之，木气虚弱时，则不仅金来乘木，而且其所胜之土也乘其虚而反侮之。所以《素问·五运行大论》说："气有余，则制己所胜而侮所不胜；其不及，则己所不胜侮而乘之，己所胜而侮之。"

3. 五行母子相及

所谓"及"，即连累的意思。母子相及包括母病及子和子病及母两类，皆属于五行之间相生异常的变化。

母病及子，指五行中作为母的一行异常，必然影响到作为子的一行，结果母子皆异常。例如，水生木，水为母，木为子，若水不足，无力生木；则木干枯，结果水竭木枯，母子俱衰。

子病及母，指五行中作为子的一行异常，会影响到作为母的一行，结果母子皆异常。例如，木生火，木为母，火为子，若火太旺，势必耗木过多，结果子耗母太过，母子皆不足。

第八节　五行学说在中医学中的应用

五行学说在中医学中的应用，主要是以五行的特性来分析说明人体脏腑、经络等组织器官的五行属性；以五行的生克制化关系来分析脏腑、经络之间和各种生理功能之间的相互关系；以五行的乘侮和母子相及来阐释脏腑病变的相互影响。因此，五行学说不仅是中医学的说理工具，而且有着指导临床的实际意义。

一、说明五脏的生理功能及其相互关系

1. 说明五脏的生理功能

五行学说，将人体的内脏分别归属于五行，以五行的特性来说明五脏的生理功能。

木有生长升发、舒畅条达的特性，肝喜条达而恶抑郁，有疏通气血、调畅情志的功能，故以肝属木。火有温热向上的特性，心阳具有温煦之功，故以心属火。土性敦厚，有生化万物的特性，脾主运化水谷、化生精微以营养脏腑形体，为气血生化之源，故以脾属土。金性清肃、收敛，肺具有清肃之性，以肃降为顺，故以肺属金。水具有滋润、下行、闭藏的特性，肾有藏精、主水的功能，故以肾属水。

五行学说除以五行的特性说明五脏的生理功能、确定五脏的五行属性外，还以五脏为中心推演络绎整个人体的各种组织结构与功能，同时又将自然界的五方、五时、五气、五色、五味与人体的五脏六腑、五体、五官等联系起来，这样就将人体内外环境联结成一个整体。以肝为例，"东方生风，风生木，木生酸，酸生肝，肝生筋……肝主目。"（《素问·阴阳应象大论》）"东方青色，入通于肝，开窍于目，藏精于肝，其病发惊骇，其味酸、其类草木……是以知病之在筋也。"（《素问·金匮真言论》）这样把自然界的东方、春季、青色、风、酸等，通过五行的木与人体的肝、筋、目联系起来，体现了天人相应的整体观念。

2. 说明五脏之间的相互关系

五脏的功能活动不是孤立的，而是互相联系的。中医学的五行学说不仅用五行的特性说明五脏的功能特点，而且运用五行生克制化的理论来说明脏腑生理功能的内在联系，即五脏之间存在着既相互资生又相互制约的关系。

以五行相生说明五脏之间的联系。如肝生心即木生火，肝藏血以济心；心

生脾即火生土，心阳温煦脾土、助脾运化；脾生肺即土生金，"脾气散精，上归于肺"；肺生肾即金生水，肺气清肃下行。通调水道以助肾水；肾生肝即水生木，肾藏精以滋养肝血。

以五行相克说明五脏之间相互制约的关系。《素问·五脏生成篇》说，"心……其主肾也"；"肺……其主心也"；"肝……其主肺也"；"脾……其主肝也"；"肾……其主脾也"。"主"即"相畏""制约"之意，也就是说，五脏的生理功能，都是受其所不胜之脏递相制约的。即如《素问集注》所说："心主火而制于肾水，是肾乃心脏生化之主。"肾克心即水克火，肾水滋润上行以制约心火，防止其过亢；心克肺即火克金，心火的温煦有助于肺气宣发，制约肺气的过于肃降；肺克肝即金克木，肺气清肃下行可抑制肝气的过分升发；肝克脾即木克土，肝木条达可以疏泄脾土之壅滞；脾克肾即土克水，脾主运化水湿，可防止肾水的泛滥。

应当指出的是，五脏的生理功能及其相互资生、相互制约的关系，是以五行的特性及其生克规律来论述的。然而，五脏的功能是多样的，其相互间的关系是复杂的。五行的特性并不能说明五脏的所有功能，而五行的生克关系也难以完全阐释五脏间复杂的生理关系，因此，在研究脏腑的生理功能及其相互间的内在联系时，不能囿于五行之间相生相克的理论。

二、说明五脏病变的相互影响

五行学说不仅可以用以说明在生理情况下脏腑间的相互联系，而且可以说明在病理情况下脏腑间的相互影响，即本脏之病可以传至他脏，他脏疾病也可以传至本脏，这种病理上的相互影响称之为传变。脏腑间的传变，可分为相生关系的传变和相克关系的传变。

1. 相生关系的传变

包括"母病及子"和"子病及母"两个方面。

母病及子，是指疾病的传变，从母脏传及子脏。如肾属水，肝属木，水能生木，故肾为母脏，肝为子脏。肾病及肝，即是母病及子。临床常见的"水不涵木"，即属于母病及子。因肾水不足，不能涵养肝木，从而形成肝肾阴虚、肝阳上亢的"水不涵木"证。

子病及母，是指疾病的传变，从子脏传及母脏。如肝属木，心属火，木能生火，故肝为母脏，心为子脏。心病及肝，即是子病及母。临床上常见的心肝血虚和心肝火旺，皆属于子病及母。这是由于先有心血不足，累及肝血亏虚，而致心肝血虚；或先有心火旺盛，累及至肝，引动肝火，从而形成心肝火旺之证。

2. 相克关系的传变

包括"相乘"和"相侮"两个方面。

相乘是相克太过而为病。引起五脏相乘的原因有两种：一是一脏过盛，而致被克之脏受到过分克伐；另一种是一脏过弱，不能耐受"克我"之脏的克制，从而出现克伐太过。如以肝木和脾土之间相克关系而言，相乘传变就有"木旺乘土"（即肝气乘脾）和"土虚木乘"（即脾虚肝乘）两种情况。一般认为，由于肝旺，影响脾胃的运化功能，而出现胸胁苦满、脘腹胀痛、泛酸泄泻等表现时，称为"木旺乘土"。反之，先由脾胃虚弱，不能耐受肝的相乘，而出现头晕乏力、纳呆嗳气、胸胁胀满、腹痛泄泻等表现时，称为"土虚木乘"。

相侮，又称反侮，即反向克制而为病。形成五脏相侮亦有两种情况，即太过相侮和不及相侮。例如，肺金本能克制肝木，由于暴怒而致肝火亢盛，肺金不仅无力制约肝木，反遭肝火之反向克制，而出现急躁易怒、面红目赤，甚则咳逆上气、咯血等木侮金的症状，称为"木火刑金"。不及相侮，是指由于一脏虚损，导致"我克"之脏的反克现象。如脾土虚衰不能制约肾水，出现全身水肿，称为"土虚水侮"。

总之，五脏病变时的相互影响，可用五行的乘侮和母子相及规律来阐释。按相生规律传变时，母病及子病情轻浅，子病及母病情较重，如《难经经释》说："邪挟生气而来，则虽进而易退。""受我之气者，其力方旺，还而相克，来势必甚。"按照相克规律传变时，相乘传变较深重，而相侮传变病情较轻浅。如《难经经释》所说："所不胜，克我者也。脏气本已相制，而邪气挟其力而来，残削必甚。故为贼邪。""所胜，我所克也。脏气既受制于我，则邪气亦不能深入，故为微邪。"

此外，运用五行学说的理论，还可以阐释五脏的发病与季节的关系。五脏外应五时，所以五脏发病的一般规律，是在其所主之时受邪而发病，即春天多发肝病，夏天多发心病，长夏多发脾病，秋天多发肺病，冬天多发肾病。因此《素问·咳论》说："乘秋则肺先受邪，乘春则肝先受之，乘夏则心先受之，乘至阴则脾先受之，乘冬则肾先受之。"

由于五行生克规律不能完全阐释五脏间复杂的生理关系，因而五脏间病变的相互影响也难完全以五行乘侮和母子相及规律来说明。故《素问·玉机真藏论》有"然其卒发者，不必治于传，或其传化有不以次"的论述，而应从实际情况出发把握疾病的传变规律。汉·张仲景在《伤寒论》中所创立的六经传变，以及清·叶天士在《温热论》[72]中所创立的卫气营血传变，都是从临床实践出发，在广泛的实践中总结出来的疾病传变规律。

三、用于疾病的诊断

人体是一个有机整体，内脏有病可以反映到体表，即"有诸内者，必形诸外"，故"视其外应，以知其内脏，则知所病矣"。[73]（《灵枢·本脏》）五行学说用于疾病的诊断，主要是以事物五行的归属分析四诊资料，指导临床诊断；以五行生克乘侮规律推断病情，判断疾病的预后。

1. 用于指导四诊

机体内脏有病时的表现是多种多样的，内脏功能活动及其相互关系的异常变化，可以反映到体表相应的组织器官，出现色泽、声音、形态、脉象等诸方面的异常变化。由于五脏与五色、五音、五味等皆有特定的联系，这种五脏系统的层次分类结构，为疾病的诊断奠定了理论基础，因此在临床诊断疾病时，就可以综合望、闻、问、切四诊所获得的资料。根据五行的归属及其生克乘侮的变化规律来推断病情。即如《难经·六十一难》所说："望而知之者，望见其五色，以知其病。闻而知之者，闻其五音，以别其病。问而知之者，问其所欲五味，以知其病所起所在也。切脉而知之者，诊其寸口，视其虚实，以知其病，在何脏腑也。"如面见青色、喜食酸味、脉见弦象，可以诊断为肝病；面见赤色、口味苦、脉洪数者，可诊断为心火亢盛。脾虚病人，面见青色，为木来乘土；心脏病人，面见黑色，为水来乘火，等等。

2. 用于推断病情

五行学说用于推断疾病病情，主要是根据五色之间以及色脉之间的生克关系来推测病情的轻重，判断疾病的预后。由于内脏疾病及其相互关系的异常变化，皆可从面部色泽的变化中表现出来。因此，我们可以根据"主色"和"客色"的变化，以五行的生克关系为基础，来推测病情的顺逆。"主色"是指五脏的本色，"客色"为应时之色。"主色"胜"客色"，其病为逆；反之，"客色"胜"主色"，其病为顺。如《医宗金鉴·四诊心法》说："肝青心赤，脾脏色黄，肺白肾黑，五脏之常。脏色为主，时色为客。春青夏赤，秋白冬黑，长夏四季色黄。常则客胜主善，主胜客恶。"[74]

对疾病病情的推断，还须将色诊和脉诊结合起来，即要色脉合参，才能从客观上反映出疾病的状况，故《素问·五脏生成篇》说："能合色脉，可以万全。"以色脉合参来判断病情，还必须与五行学说密切结合起来，以五行之间的生克规律说明之。若"见其色而不得其脉，反得其相胜之脉，则死矣。得其相生之脉，则病已矣"。（《灵枢·邪气脏腑病形》）而"色脉相合，青弦赤洪，黄缓白浮，黑沉乃平。已见其色，不得其脉，得克则死，得生则生"。（《医宗金鉴·四诊心法》）如肝病色青而见弦脉，为色脉相符，如果不得弦脉反见浮脉，则属相胜之脉，即克色之脉（金克木），为逆，预后不佳；若得沉脉则属相生之脉，即生色之脉（水生木），为顺，预后较好。

但是，在临床的实际应用过程中，对于疾病的推断和预后，更重要的是要"四诊合参"，而非单凭色脉合参，且不要拘泥于色脉之间的"相生"或者"相克"。

四、用于疾病的治疗

五行学说用于疾病治疗的主要表现在：根据物的色、味，按五行归属确定其作用于何脏腑；按五行的生克乘侮规律，控制疾病的传变，确定其治疗大法。

1. 指导脏腑用药

不同的药物，有不同的颜色与气味。以颜色分，有青、赤、黄、白、黑"五色"；以气味辨，则有酸、苦、甘、辛、咸"五味"。药物的五色、五味与五脏的关系是以天然色味为基础，以其不同性能与归经为依据，按照五行归属来确定的，即：青色、酸味入肝，赤色、苦味入心，黄色、甘味入脾，白色、辛味入肺，黑色、咸味入肾。如白芍、山茱萸味酸入肝经以补肝；朱砂色赤入心经以镇心安神；石膏色白味辛入肺经以清肺热；黄连味苦以泻心火；白术色黄味甘以补益脾气；玄参、生地色黑味咸入肾经以滋养肾阴等。临床脏腑用药，除色味外，还必须结合药物的四气（寒、热、温、凉）和升降浮沉等理论综合分析，辨证应用。

2. 控制疾病的传变

疾病的传变，多见一脏受病，波及他脏而致疾病发生传变。因此，在治疗时，除对所病本脏进行处理外，还应考虑到与其有关的脏腑。根据五行的生克乘侮规律，来调整其太过和不及，以控制其进一步传变，从而使其恢复正常的功能活动。如肝脏疾病，可以通过生克乘侮关系影响及心、脾、肺、肾，也可由心、脾、肺、肾的疾病影响及肝而得病。若肝气太过，木旺必乘土，此时应先补益脾气以防其传变，脾气健旺，则肝病不传于脾。因此《难经·七十七难》说："见肝之病，则知肝当传之与脾，故先实其脾气。""实气脾气"，就是健脾、调补脾脏之意。木旺克土，肝病传脾，补脾则可防其传变，此即应用五行生克乘侮理论，阐述疾病传变规律和确定预防性治疗措施。至于疾病的传变与否状态，即五脏虚则传，实则不传。所以《金匮要略》说："见肝之病，脾旺不受邪，即勿补之。"

在临床实践中，我们既要掌握疾病发展传变过程中的生克乘侮关系，借以根据规律及早治疗以控制传变，防患于未然，又要根据具体痛情而辨证诊治，切勿将其当作刻板的公式而机械地套用。

3. 确定治则和治法

五行学说不仅用以说明人体脏腑的生理功能和病理变化，指导四诊，推断病情，而且可以五行之间相互资生、相互制约的关系指导确立疾病的治疗原则和具体的治疗方法。

（1）根据五行相生规律确定治则和治法。具体如下：

①确定治则。临床上运用相生规律来治疗疾病，其基本治疗原则是补母和泻子，即如《难经·六十九难》所说的"虚则补其母，实则泻其子"。"虚则补其母"，是指一脏之虚证，不仅须补益本脏之虚衰，促使其康复，同时，还要依五行递相资生的次序，补益其"母脏"（即"生我"之脏），通过"相生"作用而促使其康复。如肝的阴血不足，除须用补肝药物外，还可以用补肾益精的方法，通过"水生木"的作用促使肝脏的恢复。

"实则泻其子"，是指一脏之实证，不仅须泻除本脏之实邪，同时，还可依据五行相生的次序，泻其"子脏"（即"我生"之脏），通过"气舍于其所生"的机理，以泻除其"母脏"的实邪。例如，肝火炽盛，出现肝实证时，除须用泻肝火药物外，还可以用泻心火的方法，通过"心受气予肝""肝气舍于心"的机理，以消除过旺的肝火。

②确定治法。根据相生规律确定的治疗方法，常用的有以下几种。

滋水涵木法：即滋肾阴以养肝阴的方法，又称滋肾养肝法、滋补肝肾法。适用于肾阴亏损而肝阴不足，甚或肝阳上亢之证。

益火补土法：是温肾阳以补脾阳的一种方法，又称温肾健脾法、温补脾肾法。适用于肾阳式微而致脾阳不振之证。

必须说明的是，按五行生克次序来说，心属火、脾属土，火不生土应当是心火不生脾土，而益火补土应当是温心阳以暖脾土。但是，自命门学说兴起以来，多认为命门之火具有温煦脾土的作用。因此，目前临床上多将"益火补土"法用于肾阳（命门之火）式微而致脾失健运之证，而少指心火与脾阳的关系。

培土生金法：即通过健脾补气以补益肺气的方法。主要用于肺气虚弱之证；若肺气虚，同时兼见脾运不健者，亦可应用。

金水相生法：亦称滋养肺肾法。肺属金，肾属水，金能生水，故补肺阴即可以滋肾阴。另外，肾阴是五脏之阴的根本，所以滋肾阴又可达到补肺阴的目的。因而临床上对于肺肾阴虚者，多数采用两脏同补，通过金水互生的机理，以治疗两脏之阴虚。

（2）根据五行相克规律确定治则和治法。具体如下：

①确定治则：临床上，引起五脏相克规律异常出现相乘、相侮等病理变化的原因，不外乎"太过"和"不及"两个方面。"太过"者属强，表现为机能亢进；"不及"者属弱，表现为机能衰退。因而治疗上须同时采取抑强扶弱的治则，并侧重于制其强盛，使弱者易于恢复。若一方虽强盛而尚未发生克伐太过时，也可利用这一治则，预先加强被克者的力量，以防止病情的发展。

抑强，主要用于太过引起的相乘和相侮。如肝气横逆，乘脾犯胃，出现肝脾不调、肝胃不和之证，称为木旺乘土，治疗应以疏肝平肝为主。又如木本克土，若土气太过，反而克木，称为土反侮木，临床上多表现为脾胃湿热或寒湿壅滞，影响肝气的疏泄条达，称为土壅木郁。治疗以运脾祛邪为主。抑其强者，则其弱者机能自然易于恢复。

扶弱，主要用于不及引起的相乘和相侮。如脾胃虚弱，肝气乘虚而入，导致肝脾不和之证，称为土虚木乘或土虚木侮，治疗应以健脾益气为主。再如土本制水，但由于脾气虚弱，不仅不能制水，反遭肾水之反克，而出现脾虚水泛之证，称为土虚水侮。治疗应以温肾健脾为主，扶助弱者，加强其力量，可以恢复脏腑的正常功能。

②确定治法：根据相克规律确定的治法，常用的有以下几种。

抑木扶土法：是疏肝与健脾相结合治疗肝旺脾虚的一种治法，又称疏肝健脾法、调理肝脾法、平肝和胃法。适用于木旺乘土或土虚木乘之证。临床应用时，应依据具体情况的不同，而对抑木和扶土法有所侧重，如用于木旺乘土之证，则以抑木为主，扶土为辅；若用于土虚木乘之证，则应以扶土为主，抑木为辅。

培土制水法：是以健脾、利水治疗水湿停聚为病的一种治法，又称为敦土利水法。适用于脾虚不运、水湿泛滥而致水肿胀满之证。

佐金平木法：肺属金，肝属木，金能克木，即肺能制肝。若肺虚无力制肝则肝旺，肝旺可乘脾胃，而见泛酸嘈杂、脘腹胀痛等症，当辅佐肺金以制肝木，则上证可除；肝旺还可挟火反侮肺金，而见胁肋灼痛、咳嗽、咯血等症，当然也应辅佐肺金，清肝泻火降气。总之，此法适用于肺虚无力制肝，而肝旺者。

泻南补北：是泻心火与补肾水相结合的一种治法，又称为泻火补水法、滋阴降火法。适用于肾阴不足、心火偏旺、水火不济、心肾不交之证。因心主火，火属南方；肾主水，水属北方，故称泻南补北法。若由于心火独亢于上，不能下交于肾，则应以泻心火为主；若因肾水不足，不能上奉于心，则应以滋肾水为主。但必须指出，肾为水火之宅，肾阴虚亦可致相火偏旺，也称为水不制火，这属于一脏本身水火阴阳的偏盛偏衰，不能与五行生克中水不克火混为一谈。

总之，根据五行相生、相克规律可以确立有效的治则和治法，指导临床用药。但在具体运用时又须分清主次，要依据双方力量的对比进行全面考虑。或以治母为主，兼顾其子；治子为主，兼顾其母。或以抑强为主，扶弱为辅；扶弱为主，抑强为辅。如此，方能正确地指导临床，提高治疗效果。

五行学说在治疗上的应用是比较广泛的，它不仅适用于药物治疗，而且同样指导着针灸治疗和精神疗法等。

在针灸疗法中，针灸学家将手足十二经近手足末端井、荥、俞、经、合五俞穴，分别配属于木、火、土、金、水五行。在治疗脏腑病证时，根据不同的病情以五行的生克规律进行选穴治疗。如治疗肝虚证时，根据"虚则补其母"的原则，取肾经的合穴（水穴）阴谷，或本经合穴（水穴）曲泉进行治疗。若治疗肝实证，根据"实则泻其子"的治则，取心经荥穴（火穴）少府，或本经荥穴（火穴）行间治疗，以达到补虚泻实，恢复脏腑正常功能之效。

精神疗法主要用于情志疾病。人的情志活动属于五脏功能之一，而情志太过，则会损伤相应内脏。由于五脏之间有相互生克关系，因而人的情志变化也有相互抑制作用，故此在临床上可以用情志之间的相互制约关系来达到治疗的目的。如《素问·阴阳应象大论》说："怒伤肝，悲胜怒……喜伤心，恐胜喜……思伤脾，怒胜思……忧伤肺，喜胜忧……恐伤肾，思胜恐。"

  悲为肺志，属金；怒为肝志，属木。金能克木，所以悲胜怒。
  恐为肾志，属水；喜为心志，属火。水能克火，所以恐胜喜。
  怒为肝志，属木；思为脾志，属土，木能克土，所以怒胜思。
  喜为心志，属火；忧为肺志，属金，火能克金，所以喜胜忧。
  思为脾志，属土；恐为肾志，属水，土能克水，所以思胜恐。

总之，临床上依据五行的生克规律指导和进行治疗，确有一定的实用价值。但是，并非所有的疾病都可以用五行生克规律来治疗。因此，既要正确地掌握五行生克规律，又要依据具体病情进行辨证论治。

第四章　歌诀及释义

本章主要介绍歌诀及释义，从总歌、意识诀、形体诀、呼吸诀、五心经论诀五部分内容进行研究和论述。深入理解这些歌诀理论，在实践中认真体悟，将会使象形太极十三势进入一个新的层次。

第一节　总歌

杨维博士歌诀云：

象形导引意为先，含胸拔背须顶悬。
松腰敛臀沉肘肩，姿势动作活柔圆。
步法灵活多转变，身似游龙在无边。
眼随手走神威现，扭腰带胯百节连。
呼吸畅通法自然，场地大小无局限。
老少皆宜来锻炼，防身治病益延年。

【注释】

1. 象形导引意为先，含胸拔背须顶悬

象形太极要靠意识导引来习练，要求含胸、拔背、项直、头顶，特别是脊柱要直立，头顶上有悬挂起来的感觉。

2. 松腰敛臀沉肘肩，姿势动作活柔圆

象形太极十三势习练时，要求松腰、敛（收）臀、沉肩、坠肘，姿势动作要圆活、舒展、大方、柔和、缓慢。

3. 步法灵活多转变，身似游龙在无边

习练时，要求步法灵活多变，丁八步和提步是步法过渡的关键。身法像游龙一样在天边畅游。

4. 眼随手走神威现，扭腰带胯百节连

习练时，眼睛要随手的运动而转换，眼神要表现出一种威严的气势。扭腰动作是带动胯、脊柱等全身骨与骨连结的关键。

5. 呼吸畅通法自然，场地大小无局限

习练时，采取自然呼吸也就是腹式呼吸，长细、深远、柔和、缓慢。不受场地大小、设施设备等限制，随时随地都可以习练，是一项很好的全民健身项目。

6. 老少皆宜来锻炼，防身治病益延年

象形太极十三势习练时，要求慢动作匀速运动，呼吸次数以人体脉搏与心率次数相同为宜，也可延长呼吸运动。这个项目使用范围较广，老少皆宜，能够防身、治病、延年、益寿。

第二节　意识诀

杨维博士云：

> 人体为炉炼金丹，意识元神统家园。
> 形随意动生意念，意随形动守丹田。
> 无为忘我虚无仙，形神兼备靠自然。
> 上善若水神飘逸，水的意境记心间。

【注释】

意识就是思维，称为"心"，也叫作"神"。"神"，包括元神和识神，元神就是"潜意识"，识神就是"浅意识"。意识是人类大脑的特殊功能，也是具有特殊结构的大脑内部的运动状态。象形太极是以意导形、形神兼备、天人合一的拳术，是通过意念、意守、无意三种意识调控技术实施的。

1. 初级阶段

意念，是"想象"的调控技术。所谓想象，就是形象的"想"。简单地说"形随意动"，即"想"到哪里，动作就到哪里，这是初级以意导形阶段。

2. 中级阶段

意守，是"体会"的调控技术。所谓体会，就是"想"的具体化。简单地说"意随形动"，即动作在哪里，就"想"到哪里，这是中级形神兼备阶段。

3. 高级阶段

无意，是指在练习过程中的无意识状态。这种状态，无分析、无概念。在习练时意念和意守这两种意识调控技术，较容易掌握；而无意则是一种较高的意识调控技术，练习者需要长时间体悟和进入较高层次时才能达到。也就是象形太极水的意境——无为、忘我、虚无。

第三节　形体诀

杨维博士云：

上下相随，周身协调；虚实分明，连贯均匀。
柔和轻松，圆活自然；意动形随，以腰带劲。
虚灵顶劲，含胸拔背；身如弹簧，节节松沉。

【注释】

运用意识对形体进行调整、控制，使身体的姿势符合基本要求，称为形体调控。形体调控在象形太极中被广泛应用。

形体调控的要领包括："上下相随、周身协调""虚实分明、连贯均匀""柔和轻松、圆活自然""腰为轴，意为先，意令腰动，腰带体动，体带足动"。这些要领，不仅是对运动姿势的要求，也是对静止姿势的要求。

1. 上下相随，周身协调

人体的手、肘、肩为上三合，足、膝、胯为下三合，合称六合。本功法的姿势，要求手与足合、肘与膝合、肩与胯合，上下相随，周身一体。有一动无有不动，逐渐使全身的动作既协调又完整，从而使身体各个部位都得到均衡的锻炼。

2. 虚实分明，连贯均匀

要求姿势中正、平衡、稳定。但在动作的运动过程中，人体的重心应随着姿势的变化而变化，姿势不论由虚到实还是由实到虚，其移动既要分明，又要使动作连绵不断，速度均匀，这样才能做到一气呵成。

3. 柔和轻松，圆活自然

不论是静止的还是运动的，处处都带有弧形。静止不动时，姿势松柔圆活，运动起来，姿势柔和轻松，以腰为轴，贯穿上下，诸关节如蛇行、蛹动，灵活圆滑，自然流畅。

4. 意动形随，以腰带劲

即动作时，先意想此动作，而后做动作，然后以腰为转轴，周身随腰而动。以意引导腰动，以腰带动躯体动，以躯体带动手足动，以此法完成每一个动作。

5. 虚灵顶劲，含胸拔背

身形要求虚灵顶劲，以腰为轴，含胸拔背，沉肩敛臀，节节松沉。欲左必先右，欲右必先左；欲前必先后，欲后必先前；欲上必先下，欲下必先上。然后才以意导腰，腰带体，体带手足，骤然向左运动，以完成这动作，以此类推。

6. 身如弹簧，节节松沉

对人体各部位的要求如下：头部做到头顶平正，顶悬虚空，不可偏至或摇摆；颈部做到自然竖立，肌肉不可紧张；肩部做到松沉，不得耸起或前弓后张；肘部一般要做到轻沉下垂；胸部做到舒松自然，不要挺胸或缩胸；背部自然拔伸，做到拔背而不驼背；腰部做到自然、舒松、灵活，以主宰全身，达到"以腰为轴"；臀部做到收敛，但要自然垂直而不可紧张用力收敛，不可后凸或摇摆；膝部做到屈伸悠和自然；眼的要求，定势时，眼看前方或手部，动势时，眼看动的手，两手动时，眼看进攻的手，或眼看较前方的手。眼必须与手法、身法、步法相配合，做到神态自若，一眼观七，精神贯注，思想集中，势动神随。

第四节　呼吸诀

杨维博士云：

> 舌抵上腭，似抵非抵。
> 细长均匀，顺其自然。
> 因势利导，因人而异。

【注释】

人的生命运动离不开呼吸。呼吸是由结构严密、功能完善的呼吸系统完成的。呼吸包括内呼吸和外呼吸。所谓内呼吸，是指血液与组织细胞的气体交换，也称为组织呼吸；所谓外呼吸，是指在肺脏内部所进行的外界空气与血液的气体交换，也称为肺呼吸。不论是内呼吸还是外呼吸，都需要血液与气体结合并进行运输，从而构成了内、外呼吸的统一。象形太极通过对呼吸的调控，使呼吸达到细、长、匀甚至"胎息"的程度，从而对内、外呼吸产生更加良好的影响。

象形太极呼吸调控的锻炼为自然呼吸。自然呼吸就是腹式呼吸，它要求鼻吸鼻呼。自然呼吸适应象形太极的修炼。

1. 腹式顺呼吸：即吸气隆腹，呼气收腹。
2. 腹式逆呼吸：即吸气收腹，呼气隆腹。
3. 隐呼吸：随着小腹的微微起伏，进行柔和的腹式呼吸。

【注意事项】

在呼吸调控中需要注意的几个问题，以便更好地发挥呼吸调控的作用。

1. 舌抵上腭，似抵非抵

在呼吸调控中要求舌抵上腭、似抵非抵。舌抵上腭，有利于腹式呼吸的建立；似抵非抵，有利于小周天的运行。舌抵上腭、似抵非抵时，应以自然为主，舌尖不要用力上抵，只要有抵的意识，就可以做到鼻吸鼻呼，就可以保证意识调控的正常进行。

2. 细长均匀，顺其自然

在呼吸调控中要求呼吸达到细、长、匀。所谓细，是指息吸出、吸入要极细、极微、极轻，不要出入有声，最好听不到一点呼吸的声音；所谓长，是指吸出、吸入的气息深而长、柔和自然，呼吸的频率放慢，但仍感自然舒适，并无胸闷、憋气等不良反应；所谓匀，是指息出、息入要保持均匀沉静的状态，不要忽快忽慢。细、长、匀三者关系密切，相互影响，相互补充。这种调柔入细，引短会长，吐之细细、纳之绵绵的平静呼吸，是在自然的状态中获得的，这就是顺其自然的结果。反之，则会出现呼吸短促、不匀不细、不稳不静，这就是不自然的结果。

3. 因势利导，因人而异

不同的呼吸调控的方法，都有其不同的应用价值。不同的人应该选择不同的呼吸方法，并随时调整这种呼吸方法，以适应自身机体的需要，这样才能发挥积极的作用，这也是掌握呼吸调控方法的基本法则。反之，若运用不当，让机体机械地去适应某一种呼吸方法，则往往会走弯路或出现严重的副作用。因此，呼吸方法的应用要因人而异，这才是最合理想的。

第五节 五心经论诀

象形太极是由技术、艺术、学问、文化、思想、精神的逐步升华。想学好象形太极先从技术开始，必须读懂"五心经论"。何为"五心经论"呢？就是学象形太极技术之前，必须具备的心理素质。那么，学习象形太极应该具备什么样的"五心经论"呢？杨维博士总结并解释如下：

一、信心经

【原文】

目标是期许度，信心是期盼值。期许度是对实现目标的希望程度，期盼值是对实现目标行为的价值性评估。一般来说，在期许度一定的情况下，期盼值越大，成功的几率就越高，也就是说期盼值的大小，决定期许度的成功与失败。

【注释】

信心是指对行为成功及其相应事物的发展演化，犹如预盼的信任程度，即期盼值；而若只相对于行为，信心亦可定义为是对行为过程的反应。信心表现为对实现行为任务目标成败的外在感知、情绪反应、外在意识，信心表现间具有相互的统一协调性，其中任何一种表现都会成为其他两种表现的反映。信心以对行为的心理作用效能程度从低到高可分为自我效能感、集体效能感、行为业绩感三个层次，其中低层次的信心被包含于高层次的信心之中。行为态度和行为信心在任务目标上的对立统一会形成个体的士气，或称之为积极主动性。

二、决心经

【原文】

目标是期许度，决心是意志值。期许度是对实现目标的希望程度，意志值是对实现目标思想的坚定性评估。一般来说，在期许度一定的情况下，意志值越大，成功的几率就越高，也就是说意志值的大小，决定期许度的成功与失败。

【注释】

决心，既可以表示下定决心，也可以表示坚定不移的意志，在很多情况下，决心就是指坚定不移的意志。

三、耐心经

【原文】

目标是期许度，耐心是忍耐值。期许度是对实现目标的希望程度，忍耐值是对实现目标精神的自控性评估。一般来说，在期许度一定的情况下，忍耐值越大，成功的几率就越高，也就是说忍耐值的大小，决定期许度的成功与失败。

【注释】

耐心，指心里不急躁，不厌烦。见《朱子语类》卷十一："如前途等待一人，未来时，且须耐心等待。"[79]

四、细心经

【原文】

目标是期许度，细心是精确值。期许度是对实现目标的希望程度，精确值是对实现目标心思的缜密性评估。一般来说，在期许度一定的情况下，精确值越大，成功的几率就越高，也就是说精确值的大小，决定期许度的成功与失败。

【注释】

细心，是指心思细密。明唐顺之《胡贸棺记》："盖其事甚淆且碎，非特他书佣往往束手，虽士人细心读书者亦多不能为此。"[76]

五、恒心经

【原文】

目标是期许度,恒心是毅力值。期许度是对实现目标的希望程度,毅力值是对实现目标精神的坚强性评估。一般来说,在期许度一定的情况下,毅力值越大,成功的几率就越高,也就是说毅力值的大小,决定期许度的成功与失败。

【注释】

恒心,持之以恒的毅力;坚持达到目的或执行某项计划的决心;持久不变的意志;指人所常有的善良本心有恒心者。——《孟子·梁惠王上》[77]

总之,学拳"五心经论"就是阐述实现目标的五种心理素质,即目标是期许度——信心是期盼值——决心是意志值——耐心是忍耐值——细心是精确值——恒心是毅力值,五者缺一不可,密切配合才能成功。

第五章 动作图解及要领

本章主要介绍动作图解及要领，从起势、赤龙搅水、白蛇吐信、燕子衔泥、灵猿摘果、猛虎扑食、野豹穿林、悬崖勒马、金鸡独立、仙鹤探路、黑熊抱树、狮子滚球、雄鹰展翅、鹞子翻飞、收势十五部分内容进行研究和论述。每个部分按照动作要领、要点说明和易犯错误三个方面剖析解读，并配合气法和心法进入象形太极拳水的意境之中，给人以无限的遐想。

第一节 起势

起，开始、开端。《史记·项羽本纪》："项庄拔剑起舞。"[78] 势，形状、样式、架式。《虞初新志·魏学洢·核舟记》："罔不因势象形各具情态。"[79] 起势，开始的架式。这里指象形太极十三势开始的动作。

（一）并步站立

1. 动作要领

面南背北站立，两脚并拢成"并步"；两手于两大腿外侧自然下垂；抬头挺胸；目视南方。（图5-1）

2. 要点说明

头正项直，沉肩悬顶；脊柱挺拔，心猿意马。

3. 易犯错误

耸肩塌腰，目不直视，精神涣散。

图5-1

（二）开步双托掌

1. 动作要领

（1）上动不停。左脚横向开立，略宽于肩，前脚掌着地，依次全脚掌落地踏实成"开步"。（图5-2）

（2）上动不停。两掌向上抬起于体前45°，两掌心相对成"提掌"（掤）；随即两掌向内翻转成"俯掌"，再同时向外旋掌翻转划弧，使掌心向上成"托掌"（掤）。（图5-3～图5-6）

图5-2

图5-3

图5-4

图5-5

图5-6

（3）上动不停。两臂微屈，慢慢向上抬起，高与肩平；目视南方。（图5-7～图5-10）

图5-7　　　　　　图5-8

图5-9　　　　　　图5-10

2. 要点说明

开步落脚，依次踏实；提掌体前45°；内翻过渡，外旋划弧；屈臂上抬，高与肩平。

3. 易犯错误

开步过大或过小,没有提掌动作;外旋划弧幅度过大,直臂上抬。

(三)屈臂双抱掌

1. 动作要领

上动不停。开步保持不变;两肘弯曲45°,使两前臂回收,保持与肩同宽,两掌心向内,指尖向上,成"抱掌"(靠),挺胸抬头;目视南方。(图5-11~图5-15)

2. 要点说明

两肘弯曲45°;两臂回收,抱掌抬头。

3. 易犯错误

两肘弯曲夹角过大或过小,两臂抱掌间距过大或过小。

图5-11

图5-12

图5-13

图5-14

图5-15

（四）夹马步双按掌

1. 动作要领

（1）上动不停。开步保持不变；两掌向里翻转180°使掌心向前，掌指向上成"立掌"。（图5-16、图5-17）

图5-16

图5-17

（2）上动不停。开步保持不变；两前臂回收，贴于两侧肋部，使两掌心向下成"按掌"（按）。（图5-18、图5-19）

图5-18

图5-19

（3）上动不停。身体重心下移，屈膝下蹲60°成"夹马步"，两脚尖稍内扣裹裆，使两膝、两胯亦随之内扣成"三扣"；同时两前臂向下摩擦肋部经络，使两掌按于腹前；挺胸抬头；目视南方。（图5-20、图5-21）

图5-20

图5-21

2. 要点说明

两掌里翻，掌心向前；屈臂回收，擦肋下按；夹马裹裆，三扣内敛。

3. 易犯错误

两掌里翻速度过快，屈臂回收前臂离肋；夹马步时违反裹裆、三扣、内敛原则。

（五）两掌上提

1. 动作要领

上动不停。夹马步保持不变；两前臂擦肋使两掌上提（掤），与胸前向上翻掌成"立掌"，掌心向前，掌指向上；头正项直；目视南方。（图5-22～图5-24）

图5-22

图5-23

图5-24

2. 要点说明

擦肋提掌，立于胸前。

3. 易犯错误

两前臂离肋，掌不上翻。

（六）双掌前推

1. 动作要领

上动不停。夹马步保持不变；两掌成"立掌"向前慢慢推出（挤），使两臂微屈，与肩同宽，高与胸齐；脊柱挺直；目视南方。（图5-25、图5-26）

图5-25

图5-26

2. 要点说明

夹马不变，向前推出；两臂弯曲，脊柱挺直。

3. 易犯错误

夹马步容易变形，两掌前推肘关节过直；上体倾斜，低头弯腰。

【口令提示】

并步站立——开步提掌——旋掌上托——屈臂抱掌——翻手立掌——夹马步按掌——两掌上提——立掌前推。

第二节　赤龙搅水

赤，本义火的颜色。《说文》："赤，南方色也。"南方属火。龙，古代神话传说中的神异动物，为鳞虫之长，能呼风唤雨、升天潜渊、变化多端。《辞源》："龙是古代传说中的一种善变化，能兴云雨利万物的神异动物，为鳞虫之长。"[84] 赤龙搅水，东海蛟龙从波涛中窜出，腾云驾雾搅动东海，将海水吸入空中，形成旋转的水柱向前移动。这里指模仿龙搅水的动作。

（一）左右抱球（搅水）

1. 动作要领

（1）接上势。身体重心上提，两膝关节直立成"开步"；左掌成"俯掌"从右前臂上方穿过，向右、向前、向左划弧至左侧腹前（捋），使掌心向上成"仰掌"；右掌成"俯掌"向腹前回收（捋），再翻掌成"仰掌"向右、向前划弧，回收至胸前成"俯掌"，两掌同时运动使掌心相对成"左抱球状"；目视右手。（图5-27～图5-37）

图5-27

图5-28

图5-29

图5-30

图5-31

图5-32

图5-33

图5-34

图5-35

图5-36

图5-37

（2）上动不停。右掌向前、向右划弧，翻掌置于右侧腹前（捋），使掌心向上成"仰掌"；左掌翻掌成"俯掌"，向左、向前划弧回收至胸前（捋），两掌同时运动，使掌心相对成"右抱球状"；目视左手。（图5-38～图5-42）

图5-38　　　　　　　图5-39

图5-40　　　　图5-41　　　　图5-42

2. 要点说明

起身穿掌，两手划弧；左右抱球，两臂撑圆。

3. 易犯错误

起身直立重心不稳,两手划弧不能同动;抱球时两臂不能撑圆,动作过大或过小。

(二)转身抱球(转身)

1. 动作要领

上动不停。右脚尖内扣45°~60°,与左脚成"斜丁八步"(内扣90°为"正丁八步"),随即上体亦随之左转45°~60°;两掌抱球状保持不变;挺胸直背;目视东方。(图5-43~图5-46)

图5-43

图5-44

图5-45

图5-46

2. 要点说明

斜丁八步，小于60°；正丁八步，达到90°；左脚不动，转腰固胯。

3. 易犯错误

斜丁八步小于45°，正丁八步转腰扭胯。

【口令提示】

起身直立——左抱球——右抱球——斜丁八步——转身抱球。

第三节　白蛇吐信

蛇也能吞食大的兽类。《尔雅·翼》：蛇，草居，常饥，每得食稍饱，辄复蜕壳，冬辄含土入蛰，及春出蛰则吐之。白蛇吐信，白色的蛇喷出的毒液。这里指模仿蛇吐信的动作。

（一）左弓步左穿掌（蛇爬）

1. 动作要领

（1）接上势。左脚向左迈出一小步，脚跟着地，脚尖向上成"左跟虚步"，然后全脚掌依次落地踏实，两腿屈膝，身体重心下移成"左半马步"；两手翻掌，左掌在下成"仰掌"，掌心向上，右掌在上成"立掌"，掌心向左，两掌随转体置于左腹前成"双碟掌"；含胸拔背；目视东方。（图5-47～图5-51）

（2）上动不停。身体重心向左移动，由左半马步变左弓步；左手掌型不变，向前斜上方慢慢穿出（挤），掌心向上，掌指向前，右手掌型不变，向前伸出置于左胸前；目视左掌。（图5-52～图5-54）

图5-47　　　　　　　图5-48　　　　　　　图5-49

图5-50　　　　　　　图5-51

图5-52　　　　　　　图5-53　　　　　　　图5-54

2. 要点说明

脚跟着地，依次落地；左半马步，中架为宜；双手叠掌，掌根相对；变步过渡，重心平稳；左掌前穿，肘微弯曲。

3. 易犯错误

全脚掌直接落地，变步重心不稳，身体左右摇摆，左掌前穿肘关节挺直。

（二）左半马步左推掌（吐信）

1. 动作要领

（1）上动不停。身体重心后移，由左弓步变左半马步；左臂屈肘，使左掌回收置于胸前成"反背掌"，掌背向前，掌心向内，掌指向上；目视左掌。（图5-55～图5-57）

图5-55

图5-56

图5-57

（2）上动不停。左半马步保持不变；左手由反背掌变勾掌，向内旋转外挂（采），使掌心、掌指向下成"左勾掌"；目视左掌。（图5-58、图5-59）

图5-58

图5-59

（3）上动不停。左半马步保持不变，身体重心稍下移；左手上翻变"立掌"，向前慢慢推出（挤），掌心向前，掌指向上，右掌保持不变；目视左掌。（图5-60～图5-63）

2. 要点说明

穿掌回收，重心后移；翻手勾掌，内旋外挂；立掌前推，重心下降。

3. 易犯错误

穿掌回收时不配合步型转换；勾掌内旋时不向外搂挂；立掌前推不降低重心。

图5-60

图5-61

图5-62

图5-63

【口令提示】

左跟虚步——左半马步——双手碟掌——弓步穿掌——左半马步——左反背掌——勾掌旋挂——立掌前推。

第四节　燕子衔泥

燕，体小，翅长，尾为剪刀状。在中国春向北来，秋返南方。捕食昆虫，是益鸟。《诗·邶风·燕燕》："燕燕于飞，差池其羽。"

燕子衔泥，燕子用嘴一口一口叼着泥巴筑巢垒窝。这里指模仿燕子的衔泥动作。

（一）左旋腕（盘旋）

1. 动作要领

接上势。左半马步保持不变；左掌四指并拢外旋成"左勾掌"（采），随即向上翻转变"左托掌"（掤），使掌心向上，右手保持不变；目视左掌。（图5-64～图5-68）

图5-64　　　　　　　图5-65　　　　　　　图5-66

图5-67　　　　　　　图5-68

2. 要点说明

勾掌外旋，以腰带劲；旋腕翻掌，向上撑托。

3. 易犯错误

勾掌外旋时以腕带劲，旋腕上翻不变换手型。

（二）左虚步抓手（衔泥）

1. 动作要领

（1）上动不停。身体重心上移成"高半马步"，上体向右后转体180°；右手翻掌，由"立掌"变"仰掌"，向后划弧，使两臂在一条水平线上；眼随手走，目视右掌。（图5-69～图5-73）

图5-69　　　　　　　　图5-70

图5-71　　　　图5-72　　　　图5-73

（2）上动不停。上体向左回转180°，身体重心后移，左脚回收半步，由"左高半马步"变"左点虚步"；左手保持不变，右手由后向上、向前变"抓手"（采），置于左掌心上方10厘米；目视右手。（图5-74～图5-79）

图5-74　　　　　　　图5-75　　　　　　　图5-76

图5-77　　　　　　　图5-78　　　　　　　图5-79

2. 要点说明

重心转换，回旋平稳；右掌划弧，眼随手走；虚步含胸，抓手沉肩。

3. 易犯错误

重心转换时上体漂浮不定，右掌划弧眼神游离；左点虚步时俯身塌腰，抓手不能沉肩坠肘。

【口令提示】

旋腕勾掌——以腰带劲——翻掌上托——向右转体——眼随手走——向左

转体——左点虚步——右掌上举——抓手下落。

第五节　灵猿摘果

猿，哺乳动物，外形像猴而大，种类很多，没有颊囊和尾巴，有的特征跟人类相似。宋谦《猿说》："武平产猿，猿毛若金丝，闪闪可观。猿子尤奇，性可驯，然不离母。母黠，不可致。猎人以毒傅矢，伺母间射之，母度不能生，洒乳于林，饮子。洒已，气绝。猎人取母皮向子鞭之，子即悲鸣而下，敛手就致。每夕必寝皮乃安，甚者辄抱皮跳掷而毙。嗟夫！猿且知有母，不爱其死。况人也耶？"[85]灵猿摘果，猿猴像人一样聪明，知道用手采摘树上的野果充饥。这里指模仿猿猴摘果的动作。

（一）丁步左勾掌（搬枝）

1. 动作要领

（1）接上势。身体重心上移，左脚跟落地踏实，由左点虚步变左高半马步；左掌内翻成"横掌"向上提起（掤），高与头齐，右抓手变俯掌，置于左胸前；目视左掌。（图5-80～图5-82）

图5-80

图5-81

图5-82

（2）上动不停。上体左转90°，右膝关节微屈下蹲，左脚回收置于右脚内侧，脚尖点地，脚跟抬起成"左丁步"；左提掌，从上、向下变左勾手向后搂挂（采），置于左大腿外侧，右"俯掌"变"立掌"，随身体重心下移回收至左胸前；目视左勾掌。（图5-83~图5-88）

图5-83　　　　　　图5-84　　　　　　图5-85

图5-86　　　　　　图5-87　　　　　　图5-88

2. 要点说明

重心上浮，起身提掌；重心下沉，丁步下蹲；下落劈掌，勾掌搂挂。

3. 易犯错误

重心过于上浮提掌过高，或过于下沉勾掌过低；向上提掌——下落劈掌——向后搂挂，三种掌法变换动作不清晰。

（二）跟步劈进掌（摘果）

1. 动作要领

（1）上动不停。起身，左脚横向开立略宽于肩，成"夹马步"；"左勾掌"变"竖掌"向右横推，两前臂于体前交叉，左手在内，右手在外，成"上十字手"（掤）；目视东方。（图5-89~图5-94）

图5-89　　　　　　图5-90　　　　　　图5-91

图5-92　　　　　　图5-93　　　　　　图5-94

（2）上动不停。上体左转90°，由"夹马步"变"左半马步"；使左手掌指向上，掌心向内成"竖掌"，随转身向上、向前、向下劈落（采），右掌亦随之由体前向后、向上举起，使掌心向前成"立掌"；目视东方。（图5-95～图5-99）

图5-95　　　　　　　　图5-96

图5-97　　　　　图5-98　　　　　图5-99

（3）上动不停。身体重心前移，右脚向前跟半步，脚尖点地，脚跟抬起成"骑龙步"；左竖掌回收置于腹前，右"立掌"变"竖掌"，由上向前、向下劈落（采）；目视右掌。（图5-100～图5-103）

图5-100

图5-101

图5-102

图5-103

2. 要点说明

夹马横推，十字裹身；半马小劈，跟步大劈。

3. 易犯错误

夹马步不裹裆三扣，十字手动作不交叉；左半马步劈掌动作过小，骑龙步劈掌动作过大。

【口令提示】

起身提掌——丁步下落——勾掌搂挂——马步横推——十字裹身——左掌小劈——跟步大劈。

第六节　猛虎扑食

虎，哺乳动物，头大而圆，毛黄色，有黑色横纹，听觉和嗅觉都很敏锐，性凶猛，力气大，善游泳，不善爬树，夜里出来捕食鸟兽，通称老虎。《说文》："虎，山兽之君。"猛虎扑食，凶猛的老虎扑食猎物。这里指模仿老虎扑食的动作。

（一）右弓步双扑掌（虎扑）

1. 动作要领

（1）接上势。左半马步保持不变；两竖掌翻掌成"俯掌"，向怀中捋带下按成"双按掌"（捋、按），置于胸前；目视东方。（图5-104～图5-107）

图5-104

图5-105

图5-106　　　　　　　　图5-107

（2）上动不停。身体重心前移，左腿微屈，右腿提起紧贴左小腿内侧，脚掌与地面平行成"提步"，随即右脚向前落步，脚跟着地，脚尖抬起成"跟虚步"；两手上提成"立掌"，置于胸前；目视东方。（图5-108、图5-109）

图5-108　　　　　　　　图5-109

（3）上动不停。身体重心前移，由"右跟虚步"变"半马步"，再由"半马步"变"弓步"；两掌由体前向上、向前、向下成弧形扑出（挤）；目视双掌。（图5-110～图5-114）

图5-110　　　　　　　图5-111

图5-112　　　　图5-113　　　　图5-114

2. 要点说明

捋带下按，提步摩经；步型变换，弧形前扑。

3. 易犯错误

捋带下按过快，提步重心不稳；跟虚步——半马步——弓步转换脱节；两掌前扑没有弧度。

（二）左骑龙步双撞掌（虎撞）

1. 动作要领

（1）上动不停。身体重心后移，由"右弓步"变"半马步"；两掌成"俯掌"向怀中带拉（捋），置于腹前；目视东方。（图5-115～图5-117）

图5-115

图5-116

图5-117

（2）上动不停。身体重心前移，右腿屈膝微蹲，左脚提起紧贴右小腿内侧，脚掌与地面平行，随即左脚向前落步，脚跟着地，脚尖抬起成"左跟虚步"；两手上提成"立掌"（挪），置于胸前；目视东方。（图5-118、图5-119）

图5-118

图5-119

（3）上动不停。身体重心前移，左脚掌落地踏实成"半马步"，然后右脚紧跟一小步成"骑龙步"；两掌随步型变换慢慢向前推出（挤）；目视双掌。（图5-120～图5-122）

图5-120

图5-121

图5-122

2. 要点说明

怀中带拉，腹前蓄劲；提步落脚，胸前藏爪；跟步推掌，助力延长。

3. 易犯错误

双掌回拉腹前不能蓄劲，提步过高；跟虚步——半马步——跟步连动组合有停顿；两掌前推肘关节过于伸直。

【口令提示】

捋掌下按——提步摩经——左跟虚步——左半马步——弓步虎扑——左半马步——收掌蓄劲——提步落脚——跟步前推。

第七节 野豹穿林

豹，哺乳动物，像虎而较小，身上有很多斑点或花纹。性凶猛，能上树，捕食其他兽类，伤害人畜。常见的有金钱豹、云豹、雪豹、猎豹等。通称豹子。《正字通》："豹状似虎而小，白面，毛赤黄，文黑如钱圈，中五圈，左右各四者，一曰金钱豹，宜为裘。如艾叶者曰艾叶豹。"[86] 野豹穿林，野生的豹子在山林中奔跑窜梭。这里指模仿野豹穿林的动作。

（一）左虚步抹眉掌（穿林）

1. 动作要领

（1）接上势。身体重心后移，右脚跟落地踏实成"左半马步"；两掌回收，由胸前下按至腹前（按），使掌心向下成"俯掌"；目视东方。（图5-123～图5-125）

图5-123　　　　　图5-124　　　　　图5-125

（2）上动不停。左脚抬起向后回收一小步，脚尖点地，脚跟抬起呈"点虚步"；左手四指并拢，虎口撑圆成"豹咀手"，由下向左、向前、向右划弧（挒）；目视左手。（图5-126～图5-131）

图5-126

图5-127

图5-128

图5-129

图5-130

图5-131

（3）上动不停。右手亦呈"豹咀手"由下向右、向前、向左划弧（捯）；左手划弧置于腹前；目视右手。（图5-132～图5-135）

图5-132

图5-133

图5-134

图5-135

（4）上动不停。左脚向前迈一小步，脚跟着地，由"跟虚步"变"半马步"；两手掌心向下，成"俯掌"按于腹前（按）；目视东方。（图5-136～图5-138）

图5-136　　　　　　　图5-137　　　　　　　图5-138

2. 要点说明

按掌至腹，虚步挺腰；左右划弧，豹手抹眉；变步下按，含胸拔背。

3. 易犯错误

虚步重心不稳，脊柱不能挺直；豹咀手划弧过大或过小，变步下按低头弯腰。

（二）右半马步双碟掌（入林）

1. 动作要领

上动不停。身体重心前移，左腿屈膝微蹲，右脚提起紧贴左小腿内侧，脚掌与地面平行呈"提步"，右脚向前落步，脚跟着地，脚尖抬起成"跟虚步"变右"半马步"，重心稍下移；两掌于腹前掌根相对成"双碟掌"（挤），左掌在下，右掌在上，向前推出；目视双掌。（图5-139～图5-144）

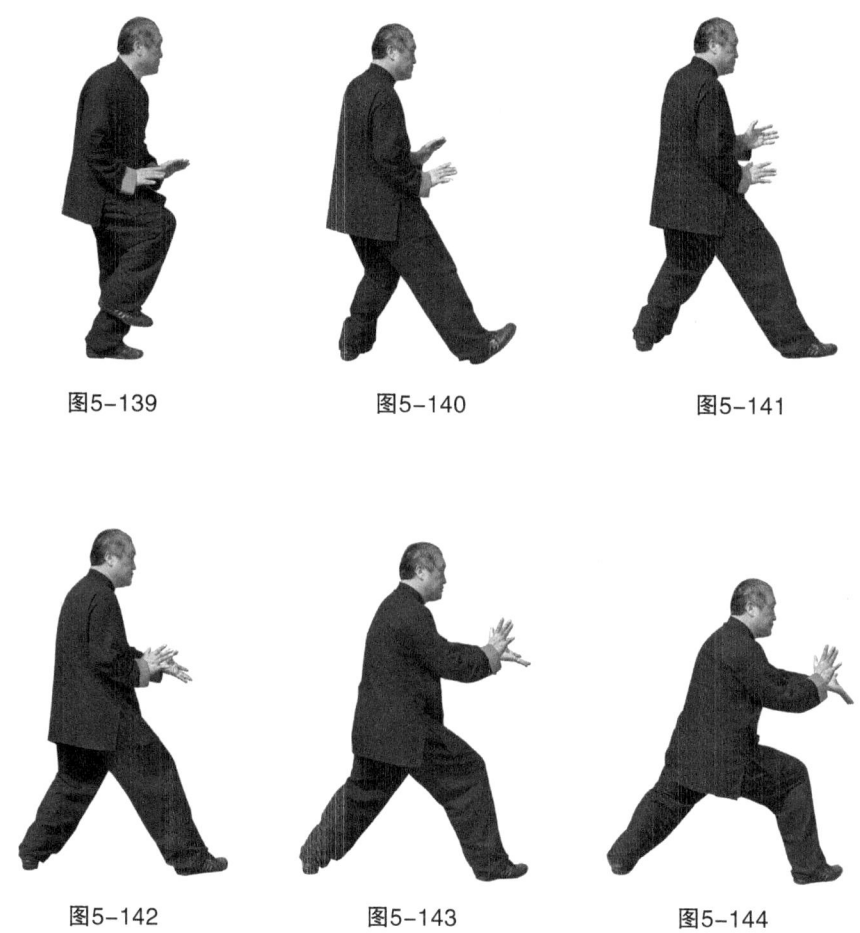

图5-139　　　　　　图5-140　　　　　　图5-141

图5-142　　　　　　图5-143　　　　　　图5-144

2. 要点说明

步型变换，重心浮沉；碟掌前推，柔韧有余。

3. 易犯错误

提步脚尖向下，落步脚掌着地，半马步重心前移；双叠掌掌根不相对，肘关节过力挺直。

【口令提示】

落步按掌——收脚虚步——左豹咀手——右豹咀手——上步按掌——提步落脚——重心下沉——半马碟掌。

第八节 悬崖勒马

马，哺乳动物，头小，面部长，耳壳直立，颈部有鬣，四肢强健，每肢各有一蹄，善跑，尾生有长毛。本义，家畜。韩愈《马说》："千里马常有，而伯乐不常有。"[83]悬崖勒马，奔跑的烈马至悬崖峭壁，勒住马的缰绳使其竖蹄咆哮。这里指模仿在悬崖边缘勒马的动作。

（一）转身右撩腿（回马脚）

1. 动作要领

（1）接上势。身体重心上提，右脚尖内扣，使身体左转90°成"夹马步"；两掌于腹前交叉，掌心向内，左掌在下，右掌在上成"下十字手"（采）；左脚尖外展60°，右脚尖继续内扣45°，使身体再次左转90°成"左半马步"；十字手保持不变；目视西方。（图5-145～图5-149）

图5-145　　　图5-146　　　图5-147　　　图5-147附图

图5-148　　　　　　　　图5-149

（2）上动不停。身体重心前移，右脚跟抬起成"骑龙步"；左掌上提，使掌心向下、掌指向内成"横掌"，置于胸前（掤），右掌塌掌根，使掌心向前、掌指向上成"立掌"（按），置于腹前；目视西方。（图5-150）

（3）上动不停。随即右腿向后、向上撩起，使脚掌心向上，再向下落地，脚尖点地，脚跟抬起，恢复骑龙步；左手上翻成"横掌"（掤），掌心向前，掌指向内，右手由下向后、向上撩起，使掌心向上、掌指向后成"倒立掌"（挒）；目视东方。（图5-151～图5-160）

图5-150　　　　　　图5-151　　　　　　图5-152

图5-153　　　　　　　图5-154　　　　　　　图5-155

图5-156

图5-157

图5-158

图5-159

图5-160

2. 要点说明

两度转体，十字交叉；骑龙步法，后撩前架；虎尾冲天，落地生花。

3. 易犯错误

脚转身不随，十字手交叉变型；骑龙步不过渡直接起腿，撩腿后失重倒地；落地不能恢复骑龙步，手脚配合不协调。

（二）左半马步左右推拉掌（勒马）

1. 动作要领

（1）上动不停。身体重心后移，右脚落地踏实成"左半马步"；右手翻掌呈"横掌"（捋），使掌心向外，由下向右、向前划弧横捋，置于体前，掌心向内；目视右掌。（图5-161～图5-166）

图5-161

图5-162

图5-163

图5-164　　　　　　　图5-165　　　　　　　图5-166

（2）上动不停。左手翻掌成"竖掌"，由体前沿右前臂向前推出（挤），右掌回拉，身体重心下移，由"高半马步"变"中半马步"；目视左掌。（图5-167～图5-170）

2. 要点说明

重心后移，横捋划弧；前推后拉，蹲身坐胯。

图5-167　　　　　　　　　　　图5-168

图5-169　　　　　　　　　图5-170

3. 易犯错误

身体重心不动，划弧不是横向；左竖掌不沿右前臂前推，身体重心不下沉。

【口令提示】

转身十字——骑龙撑掌——回头撩腿——落地骑龙——重心后移——半马按掌——横抒划弧——前推后拉——蹲身坐胯。

第九节　金鸡独立

鸡，家禽，品种很多，嘴短，上嘴稍弯曲，头部有红色的肉冠。翅膀短，不能高飞。也叫家鸡。《说文》："鸡，知时兽也。从隹，奚声。籀文从鸟。"金鸡独立，金黄色的小鸡一条腿站立。这里指模仿小鸡独立的动作。

（一）左蹬腿右推掌（独立）

1. 动作要领

（1）接上势。由"左半马步"变"点虚步"再变"丁步"；两掌翻掌，使掌心向上成"仰掌"，向怀中收至两侧腹前；目视西方。（图5-171～图5-175）

图5-171　　　　　图5-172

图5-173　　　图5-174　　　图5-175

（2）上动不停。由"丁步"起身，右腿膝关节微屈，左腿上提，紧贴右小腿内侧，脚掌与地面平行成"提步"；两掌型不变；目视西方。（图5-176～图5-179）

图5-176

图5-177

图5-178

图5-179

（3）上动不停。左腿膝关节由屈到伸，使脚腕勾起，脚心向前，脚指向上呈"蹬腿"（挤）；右手翻掌成"立掌"，随蹬腿动作向前慢慢推出（挤），左手于腹前保持不变；目视左脚。（图5-180～图5-185）

图5-180　　　　　　图5-181　　　　　　图5-182

图5-183　　　　　　图5-184　　　　　　图5-185

2. 要点说明

变步收掌，起身提步；稳定重心，由屈到伸；高与胸齐，手脚并至。

3. 易犯错误

左半马步——点虚步——丁步组合变换重心起浮不明显；起身提步重心不稳定，蹬腿高度偏低，手脚配合不协调。

（二）左半马步左托掌（报晓）

1. 动作要领

上动不停。左腿膝关节弯曲、收脚、落地成"左高半马步"；右掌回收于体前下按，塌掌根成"立掌"（按），置于腹前，左手于腹前向上慢慢托起（挒），高与头齐；目视左掌。（图5-186～图5-191）

图5-186

图5-187

图5-188

图5-189

图5-190

图5-191

2. 要点说明

屈膝收腿，落地要稳；按掌腹前，下塌掌根；撑托上举，臂要弯曲。

3. 易犯错误

屈膝、收腿、落地身体摇摆；按掌上托不能同时进行。

【口令提示】

丁步抱掌——起身提步——蹬腿推掌——收腿落步——下按上托。

第十节 仙鹤探路

鹤，鸣叫时声扬九泽，闻于穹天。清代段玉裁《说文解字注》："鹤鸣九皋。声闻于天。鹤字今补。此见诗小雅。毛曰。皋，泽也。言身隐而名著也。尔雅无鹤。故称诗。后人鹤与鹄相乱。从鸟。雀声。下各切。"仙鹤探路，仙鹤用嘴寻找食物。这里指模仿鹤嘴啄食探路动作。

（一）左弓步架推掌（亮翅）

1. 动作要领

（1）接上势。左脚回收一小步，脚尖点地，脚跟抬起成"点虚步"，身体重心后移，左腿提起，紧贴右小腿内侧，脚掌与地面平行成"提步"；两掌回收，置于左侧腰间呈"双碟掌"，掌根相对，左手在下，右手在上；目视西方。（图5-192～图5-194）

（2）上动不停。身体左转45°，左脚向前落步左斜行，脚跟着地，脚尖抬起成"跟虚步"，脚掌依次落地踏实成"左半马步"；两掌上提至胸前，左手外翻，使掌心向前成"横掌"，横架于头顶（掤），右手呈"立掌"向前推出（挤），使掌心向前；同时"左半马步"变"弓步"；目视右掌。（图5-195～图5-199）

第五章 动作图解及要领

图5-192

图5-193

图5-194

图5-195

图5-196

图5-197

图5-198

图5-199

147

2. 要点说明

虚步过渡,调整重心;提步收掌,落步左行;架掌过头,推掌齐胸。

3. 易犯错误

忽略点虚步过渡直接收腿;提步收掌不同步,落步不走左斜行;架掌偏低,推掌过高。

(二)右盖步左砍掌(探路)

1. 动作要领

(1)上动不停。身体重心前移,右脚跟抬起成"骑龙步"变"提步",右脚紧贴左小腿内侧,脚掌与地面平行;左手翻掌下落置胸前(采),掌心向内,掌指向上成"竖掌",右掌回收亦呈"竖掌",置于腹前;目视左掌。(图5-200~图5-202)

图5-200

图5-201

图5-202

（2）上动不停。身体右转90°，右脚落步右斜行，脚跟着地，脚尖向上成"跟虚步"，然后脚尖外展，依次落地踏实成"盖步"；左掌随之向右斜下方运动（采），高与胸齐，右手随之变"俯掌"按于腹前（按）；目视左掌。（图5-203～图5-206）

图5-203

图5-204

图5-205

图5-206

2. 要点说明

提步右行，落地摆脚；劈砍连环，纵横交错。

3. 易犯错误

提步、转体、右行达不到90°，跟虚步落地后脚尖不外展；上下劈掌接左右砍掌组合动作不连贯。

【口令提示】

虚步过渡——提步碟掌——转体左行——左半马步——弓步架推——提步劈掌——转体右行——落地盖步——横向砍掌。

第十一节 黑熊抱树

熊，哺乳动物，头大，尾巴短，四肢短而粗，脚掌大，趾端有带钩的爪，能爬树。清代陈昌治刻本《说文解字》："兽，似豕。山居，冬蛰。从能，炎省声。"黑熊抱树，黑熊抱着树向上爬行。这里指模仿黑熊抱树上爬的动作。

（一）左弓步右推掌左肩靠（膀靠）

1. 动作要领

（1）接上势。身体重心前移，左脚跟抬起，身体右转45°，由"骑龙步"变"提步"，紧贴于右脚腿内侧，脚掌与地面平行，然后左脚向左前落步成"夹马步"；两掌上提成"竖掌"，左掌向右横推拧臂旋掌（捌），使掌心向内，掌指向上，置于右胸前，高与头齐，右掌向左横推（捌），掌心向左，掌指向上，置于左腹前；目视西方。（图5-207~图5-209）

图5-207　　　　　图5-208　　　　　图5-208附图

图5-209　　　　　　图5-209附图

（2）上动不停，身体左转90°，"夹马步"变"左半马步"再变"左弓步"；左前臂随身体左转向外横拨（靠），掌心向后，掌指向上，高于头顶，右掌亦随转体动作向左立掌前推（挤），掌心向前，掌指向上；目视右掌。（图5-210～图5-213）

2. 要点说明

转身提步，落脚横推；变步旋掌，熊膀撞靠。

151

图5-210　　　　　　　　图5-210附图

图5-211　　　　　　图5-212　　　　　　图5-213

3. 易犯错误

提步时不转身，夹马步不裹裆三扣；"夹马步"变"左半马步"再变"左弓步"时，与拧臂、旋掌、膀靠、前推不能同时完成。

（二）左半马步抱球（熊抱）

1. 动作要领

（1）上动不停。身体重心后移，由"左弓步"变"半马步"；右手翻掌，使掌心向上呈"仰掌"，左手下落亦成"仰掌"，然后两掌同时收抱于两侧腰间；目视西方。（图5-214～图5-216）

图5-214

图5-215

图5-216

图5-216附图

（2）上动不停。身体重心前移，由"左半马步"变"左弓步"；两掌翻掌，分别从体侧向前搂抱，两臂撑圆，掌心、掌指相对（挤）；目视双掌。（图5-217～图5-221）

图5-217　　　　　　图5-217附图　　　　　　图5-218

图5-219　　　　　　图5-220　　　　　　图5-221

2. 要点说明

吞身收掌，含胸蓄劲；双手合抱，两臂撑圆。

3. 易犯错误

吞身收掌时上体前倾、塌腰，双手合抱时臂不撑圆，指尖、掌心不相对。

【口令提示】

右转提步——左手上举——落脚横推——拧臂旋掌——弓步膀靠——吞身收掌——两手合抱。

第十二节　狮子滚球

狮，哺乳动物。体长约3米。毛黄褐色，尾长，末端有丛毛。雄的头、颈有鬣（liè），捕食羚羊、斑马等。《正字通》："狮，牡者有耏髯，尾大如斗。怒则威在齿，喜则威在尾。每一吼，百兽辟易。"

狮子滚球，狮子在滚动的圆球上玩耍。这里指模仿狮子滚动圆球的动作。

（一）双捋掌（滚球）

1. 动作要领

（1）接上势。身体重心后移，由"左弓步"变"半马步"；两掌翻使掌心向下成"俯掌"，向怀中慢慢捋带置于腹前（捋）；目视双掌。（图5-222～图5-226）

图5-222

图5-223

图5-224

图5-225　　　　　　　图5-226

（2）上动不停。左半马步保持不变；两掌向右翻掌，使掌心向前、掌指向右成"横掌"，向前、向左、划弧横向捯出（捯）；目视双掌。（图5-227～图5-232）

2. 要点说明

捋如抽丝，缓慢柔和；捯如抚摸，温馨祥和。

3. 易犯错误

双捋手抽丝容易松懈，两手横捯不能同时进行。

图5-227　　　　　　　图5-228　　　　　　　图5-229

图5-230

图5-231

图5-232

（二）右半马步切掌（推球）

1. 动作要领

（1）上动不停。"左半马步"变"右脚步"，右脚紧贴左小腿内侧，脚掌与地面平行成"提步"；两手翻转，使左手在下、右手在上成"双碟掌"，置于左侧腹前；目视西南方向。（图5-233～图5-239）

图5-233

图5-234

图5-235

图5-236

图5-237

图5-238

图5-239

（2）上动不停。身体右转45°，右脚向下落步右斜行，脚跟着地、脚尖向上成"右跟虚步"；然后右脚落地踏实成"右半马步"；同时左手掌心向上，掌指向外，掌外侧向前成"仰掌"，右掌心向前，掌指向内成"横掌"，两掌由腹前向上、向前、向西南方向切出（捌）；目视双掌。（图5-240～图5-244）

图5-240　　　　　　图5-241　　　　　　图5-242

图5-243　　　　　　　　　图5-244

2. 要点说明

翻转收掌，碟掌腹前；提步斜行，落脚切掌。

3. 易犯错误

两掌翻转角度过大，提步过高，脚尖向下，落步重心前倾，切掌力点不在掌外侧。

【口令提示】

两手后捋——划弧横捌——提步碟掌——落步前切。

第十三节　雄鹰展翅

鹰，猛禽，上嘴呈钩形，颈短，脚部有长毛，足趾有长而锐利的爪。捕食小兽及其他鸟类。种类很多，如苍鹰、雀鹰、老鹰等。《正字通》：鹰，雄形小雌体大，生于窟者好眠，巢于木者常立，双骸长者起迟，六翮短者飞急。雄鹰展翅，雄性的老鹰振动翅膀展翅飞翔。这里指模仿老鹰展翅飞翔的动作。

（一）连环步斜行左右横推掌（单展翅）

1. 动作要领

（1）接上势。右腿屈膝微蹲，左脚提起紧贴于右小腿内侧，脚掌与地面平行成"提步"；两手翻掌成"竖掌"（采），使掌心相对，掌指向上，右掌高与胸齐，左掌置于腹前；目视右掌。（图5-245～图5-248）

图5-245

图5-246

图5-247

图5-248

（2）上动不停。身体左转90°，左脚向下落步斜行，脚跟着地，脚尖抬起成"跟虚步"，然后身体重心前移，左脚落地踏实成"左半马步"；同时右掌横推（挒），高与头齐，左掌成"俯掌"向左划弧，置于大腿外侧（按）；目视右掌。（图5-249～图5-251）

图5-249

图5-250

图5-251

（3）上动不停。左半马步保持不变；右掌下落置于腹前，左手上提成"竖掌"（采），高与胸齐；随即右脚提起，紧贴于左小腿内侧，脚掌与地面平行成"提步"；目视左掌。（图5-252～图5-257）

图5-252　　　　　　图5-253　　　　　　图5-254

图5-255　　　　　　图5-256　　　　　　图5-257

（4）上动不停。身体右转90°，右脚落地斜行，脚跟着地，脚尖向上成"跟虚步"，然后右脚落地踏实成"右半马步"；左掌横推（捯），掌心向右，掌指向上，高与头齐，右掌成"俯掌"向右划弧，置于右大腿外侧（按），目视左掌。（图5-258～图5-260）

图5-258　　　　　　图5-259　　　　　　图5-260

2. 要点说明

提步斜行，推掌交替；左右洗脸，惊起四梢。

3. 易犯错误

提步直行，方向颠倒；左右推掌动作幅度过大，面部表情呆滞。

（二）右半马步直行双切掌（双展翅）

1. 动作要领

（1）上动不停。由"右半马"变"点虚步"再变"提步"；两手翻掌，使掌心向上成"仰掌"，向回收于两侧腰间，上体保持中正直立；目视西北方。（图5-261～图5-267）

图5-261

图5-262

图5-263

图5-264

图5-265

图5-266

图5-267

（2）上动不停。身体左转45°，右脚向前落步成"跟虚步"，然后落地踏实成"右半马步"；两手成"横掌"，由腰间向前切出（挤），使掌心向上，掌外侧向前，身体重心稍下沉；目视双掌。（图5-268～图5-272）

图5-268　　　　　　图5-269　　　　　　图5-270

图5-271　　　　　　图5-272

2. 要点说明

收掌提步，转体落步；蹲身坐胯，双掌前切。

3. 易犯错误

收掌提步不能同时进行，转体角度过大或过小；蹲身坐胯幅度过高或过低，双掌前切不能使掌外侧向前。

【口令提示】

提步竖掌——落步右推——提步竖掌——落步左推——虚步抱掌——提步挺身——落步切掌——蹲身坐胯。

第十四节　鹞子翻飞

鹞，又名鹞鹰、雀鹰的通称，猛禽，鸟类，鹰的一种。比鹰小，羽毛灰褐色，腹部白色，有赤褐色横斑，脚黄色。腿长，尾长，低飞于草甸和沼泽上，觅食鼠、蛇、蛙、小鸟和昆虫。体长约50厘米。清代陈昌治刻本《说文解字》："鹞，鸷鸟也。从鸟䍃声。"鹞子翻飞，鹞子出入山林在空中盘旋翻飞。这里指模仿鹞子翻飞的动作。

（一）右半马步连环托掌（出林）

1. 动作要领

接上势。身体重心稍上移，右半马步保持不变；右掌向上托起（掤），高与头齐，左掌翻掌成"竖掌"（采），置于胸前，右手翻掌成"竖掌"（采），置于胸前，左手翻掌成"仰掌"，使掌心向上，向上托起（掤），高与头齐；目视左掌。（图5-273～图5-280）

图5-273

图5-274

图5-275

图5-276

图5-277

图5-278

图5-279

图5-280

2. 要点说明

右手上托，左手依附；左手上托，右手依附，阴阳交替，两次往返。

3. 易犯错误

托掌过高，竖掌过低，身体重心上下浮动。

（二）转身双插掌（翻飞）

1. 动作要领

（1）上动不停。右脚尖内扣45°～60°成"斜丁八步"；左手翻掌成"竖掌"再变"横掌"，向左横捋（捋）至扭腰固胯180°，两掌成"竖掌"（采）置于胸前，左掌在前，右掌在后；目视左掌。（图5-281～图5-289）

图5-281　　　　　　图5-282　　　　　　图5-283

图5-284　　　　　　图5-285　　　　　　图5-286

图5-287

图5-288

图5-289

（2）上动不停。左脚尖外展45°～60°，使身体左转成"左半马步"；两掌由"竖掌"变"仰掌"，收抱于两侧腰间；同时左脚回收半步，由"点虚步"变"提步"；目视东方。（图5-290～图5-295）

图5-290

图5-291

图5-292

图5-293

图5-294

图5-295

（3）上动不停。左脚向下落步成"跟虚步"变"左半马步"，身体重心前移成"左弓步"；两手翻掌成"俯掌"，左掌向东方向插出（挤），右掌向南方向插出（挤）。两掌同时插出；目视左掌。（图5-296～图5-301）

图5-296

图5-297

图5-298

图5-299　　　　　　　图5-300　　　　　　　图5-301

2. 要点说明

扣脚横捋，转身丁八；虚步收腿，提步抱掌；落步双插，双管齐下。

3. 易犯错误

横捋掌时不扣脚，转身时没有丁八步过渡；忽略点虚步收腿，提步抱掌不稳；落步双插掌不变弓步。

【口令提示】

右手托掌——左手托掌——扣脚横捋——转身丁步——虚步收腿——提步抱掌——落步半马——弓步双插。

第十五节　收势

收，结束、停止。势，架势。收势，结束的架势。这里指象形太极十三势结束的架势。

（一）开步双托掌

1. 动作要领

接上势。左脚尖内扣，身体右转90°成"夹马步"，左脚向右横移半步成"开步"；两掌外翻旋腕划弧，使掌心向上成"仰掌"，并向上托起（掤），高与肩平；目视南方。（图5-302～图5-313）

图5-302

图5-303

图5-304

图5-305

图5-306

图5-307

图5-308　　　　　　　图5-309　　　　　　　图5-310

图5-311　　　　　　　图5-312　　　　　　　图5-313

2. 要点说明

扣脚转身，开步直立；旋腕上托，高与肩平。

3. 易犯错误

扣脚转身时身体起浮，开步直立时仰头或低头；旋腕幅度过大或过小，上托过高或过宽。

（二）屈臂双抱掌

1. 动作要领

上动不停。开步保持不变；两肘弯曲45°，使两前臂回收，保持与肩同宽，两掌心向内，指尖向上，成"抱掌"（靠）；挺胸抬头，目视南方。（图5-314～图5-318）

图5-314

图5-315

图5-316

图5-317

图5-318

2. 要点说明

两肘弯曲，两臂回收；掌心向内，与肩同宽。

3. 易犯错误

两肘弯曲夹得过紧，两臂回收幅度过小；两臂间距过宽。

（三）并步按掌收势

1. 动作要领

（1）上动不停。开步保持不变；两掌向里翻转180°，使掌心向前，掌指向上成"立掌"。（图5-319）

图5-319

（2）上动不停。开步保持不变；两前臂回收，贴于两侧肋部，使两掌心向下成"按掌"（按），置于胸前；目视南方。（图5-320～图5-322）

图5-320

图5-321

图5-322

（3）上动不停。右脚提起向左脚并拢成"并步"；同时两前臂向下摩擦肋部经络，使两掌按于腹前，落于两大腿外侧，恢复立正姿势；挺胸抬头，目视南方。（图5-323～图5-326）

2. 要点说明

两掌里翻，立掌向前；擦肋下按，置于腹前；并步收势，两手还原。

图5-323

图5-324

图5-325　　　　　　　图5-326

3. 易犯错误

两掌里翻、立掌向前动作脱节；下按时前臂离肋，不到腹前；收势两脚不并拢，两手不自然下垂于两大腿外侧。

【口令提示】

扣脚转身——开步旋腕——两掌上托——屈臂抱掌——两掌里翻——擦肋下按——并步还原。

附录

象形太极拳传承谱系及专家述评

一、象形太极拳传承谱系

象形太极（太极十三形）出自古武当太极张三丰，是一种传统的古老太极拳。嘉庆十七年（1812年）河中饧杨氏十八世嫡孙杨景，在德州邂逅天理教首领冯克善为其部将，在离卦支系中各派高手相互授受交流拳法，杨景学得太极十三形，具体学与何人不详，只知道此拳创自古武当山太极张三丰。这里所列象形太极（太极十三形）始传人杨景传承谱如下。

创始人： 此拳为古武当山太极张三丰所创，历经数代传承至清末农民起义天理教离卦支系高手"无名氏"，已无法考证。

第一代： 杨景，名信，乾隆五十四年（1789年），出生于松江（黑龙江）省兰西县霍家窝棚（王宝屯），河中饧杨氏十八世嫡孙。嘉庆二十五年（1820年）杨景始传象形太极（太极十三形）。传子三：见功、俊功、进功。在河北传：刘攀贵、刘观澜、刘俊杰、魏昌义、魏老方、高庆天等。

第二代： 杨进功，道光十七年（1837年），出生于松江（黑龙江）省兰西县霍家窝棚（王宝屯），河中饧杨氏十九世嫡孙。杨进功称此拳为"杨氏十三形"。传子五：平、忠、有（出家修道习胎息、辟谷之术，精杨氏十三形龙形缩骨功）、荣、仪。

第三代： 杨忠，同治三年（1864年），出生于松江（黑龙江）省青冈县四区阮兽家屯，河中饧杨氏二十世嫡孙。传子三：文才、文喜、文成。

第四代： 杨文才，光绪十八年（1892年），出生于松江（黑龙江）省青冈县四区阮兽家屯，河中饧杨氏二十一世嫡孙，抗日义勇军联络员。杨文才把"象形太极（太极十三形）五十二势"简化成为"象形太极（太极十三形）十三势"。传子一：生。

第五代：杨生，1920年5月，出生于松江（黑龙江）省青冈县四区阮兽家屯，河中饧杨氏二十二世嫡孙，中国人民志愿军39军117师师直警卫连连长。传子一：乃文。

第六代：杨乃文，1937年11月5日，出生于黑龙江省青冈县德胜乡阮兽家屯，河中饧杨氏二十三世嫡孙，中华杨氏武艺研究会创始人。传子三：义、清、维。传女二：春凤、春艳。

第七代：杨维，1967年11月27日，出生于黑龙江省青冈县德胜乡阮兽家屯，河中饧杨氏二十四世嫡孙，双博士学位、三级教授、博士生导师。妻子辛桂维，硕士学位、副教授。传子二：杨晓斌（博士）、刘龙（博士）。传女二：杨洋（博士）、葛香杉（硕士）。

第八代：杨维支系入门弟子第一批：姜伟YJ0801（黑龙江）、邱世禄YJ0802（浙江）、晋云建YJ0803（四川）、朱磊博士YJ0804（浙江）、Elemen Joann Crusillo乔安硕士YJ0805（菲律宾）。

二、"象形太极十三势"专家述评

杨维教授和他的博士科研团队，对象形太极拳非物质文化遗产进行了深入考证，并构建了"象形太极拳核心价值体系"，我有幸先睹为快感受颇深，从学术研究角度看其成果的先进性、科学性和应用性等方面均有所突破，可谓"理论标新立异，实践操作性强"。

1. 学术成果的先进性

（1）新见解

作者从83种古籍文献中汲取传统文化养分，结合社会科学、自然科学和思维科学理论，对"象形太极十三势"进行了剖析，提出了"继承传统，古为今用；意识导引，呼吸自然；形体锻炼，攻防兼顾"二十四字方针，见解独到。

（2）新概念

作者提出了"意识能""气化论""八法八向""掤"等新概念。这些新概念具有学术新见解、新突破、新创新，能够引发学界思考和实践体悟。

（3）新理论

作者提出了"总歌""意识诀""形体诀""呼吸诀""五心经论诀"。将这些理论应用到"象形太极十三势"中，起到理论指导实践的作用。

2. 学术成果的科学性

（1）理论科学

"理论构建与实践功效"是当前民族传统体育领域的前沿、热点研究方向。"象形太极十三势"中，运用心法和气法结合时代脉搏、顺应了现代需求、运用新概念、新理论构建了"七步二十四法"练习程序，其理论逻辑紧密、方法运用得当，具有较好的示范性。

（2）实践验证

"实践是检验真理的唯一标准"，"象形太极十三势"的科学性还体现在了其进行实践的检验，合理、有序的跟踪调查，严谨、严密的实验分析，有用、有效的研究结果，均体现出"象形太极十三势"现代理论和应用的科学性。

3. 学术成果的应用性

（1）古为今用

文化自信源于文化先进，中国传统文化在当代仍然具有先进性。"象形太极十三势"是现代理论解读和融合传统文化的成果，其七步二十四法、五心经论诀、二十四字方针等均体现出成果的传统与现代并重的特征，是古方今解、古法今用的尝试与突破，对中华优秀传统文化的继承、创新和发展具有理论指导意义。

（2）以健为本

健康中国才能中国健康。在新时代，养生理念、健身观点深入人心，弘扬中华优秀传统文化"以健为本，古为今用"，提倡百花齐放百家争鸣。"象形太极十三势"具有传统性、继承性，同时也具备时代性、开拓性，其对构建和谐社会、提升全民健康具有实践价值。

以上仅就"象形太极十三势"读后的一些拙见，谈不上专家述评，愿与作者和广大读者共勉。

是为评。

刘映海

2019年10月28日于山西大学

（注：刘映海，山西大学体育学院博士生导师，四级教授）

参 考 文 献

[1] 唐代石碑. 古武当山. 河北武安.
[2] 宋陈伀集疏. 太上说玄天大圣真武本传神咒妙经辑刊明张宇清编修《正统道藏》. 正统九年（1444）刊本.
[3] 清张廷玉等. 明史. 列传第一百八十七方伎［M］. 北京：中华书局版本，1974-4-1.
[4] 杨文才. 满州饧杨氏家谱［M］. 刊本.
[5] 河北省蠡县地方志纂编委员会. 蠡县志［M］. 北京：中华书局，1999，12.
[6] 刘景山. 河北武术丛书（一）戳脚［M］. 石家庄：河北人民出版社，1983，3.
[7] 石家庄市体委. 石家庄市武术简史［M］. 1984，01.
[8] 全国体育院校教材委员会审定. 体育院校通用教材——中国武术教程（上册）［M］. 北京：人民体育出版社，2005，01.
[9] 施耐庵，罗贯中. 水浒传［M］. 北京：人民文学出版社，1990，08.
[10] 中国农民体育协会. 北腿之杰——戳脚［J］. 农民科技培训，2017，11.
[11] 杨义，杨维. 杨景墓志铭. 河中饧杨氏墓地. 2018-05-03.
[12] 杨文才. 杨氏八卦铁砂掌. 杨文才拳术谱［M］. 民国刊本.
[13] 杨文才. 杨氏八卦掌. 杨文才拳术谱［M］. 民国刊本.
[14] 青冈县人民政府关于公布县级非物质文化遗产杨氏八形掌项目的通知. 杨氏八形掌［EB］. 青冈县级非物质文化遗产. 2017-12-4.
[15] 杨文才. 满州饧杨氏家谱——杨景传［M］. 民国刊本.
[16] 杨文才. 满州饧杨氏家谱——杨进功传［M］. 民国刊本.
[17] 杨文才. 满州饧杨氏家谱——杨忠传［M］. 民国刊本.

［18］杨维.满州饷杨氏家谱——杨文才传［M］.内部刊本.

［19］沈阳军区司令部办公厅主任徐升.抗美援朝战争中国人民志愿军烈士——杨生墓志铭［M］.2015-10-12.

［20］杨维.满州饷杨氏家谱——杨乃文传［M］.内部刊本.

［21］青冈县体育志编辑部.青冈县体育志——杨维传［M］.2019.

［22］尹吉甫采集，孔子编订.诗经·郑风［M］.西周初年至春秋中叶.

［23］许慎.说文［M］.清代的段玉裁注释.

［24］沈括.梦溪笔谈·技艺［M］.元大德刻本.

［25］孙愐.唐韻［M］.唐玄宗开元二十年（公元732年）.

［26］张揖.隋书·经籍志［M］.曹魏时期.

［27］熊忠撰.韵会，亦名《古今韵会举要》［M］.元代.

［28］周公旦.周礼·冬官考工记粤无鎛注［M］.两汉.

［29］西汉.易经·系辞［M］.远古至周代.

［30］后汉郭宪.洞冥记［M］.东汉.

［31］列御寇.列子·汤问［M］.春秋战国时期.

［32］陆爱云主编.运动生物力学［M］.人民体育出版社.2017，09.

［33］杨维.水罐鼓荡理论［M］.内部资料.

［34］杨维.内气鼓荡理论［M］.内部资料.

［35］杨文才.杨文才拳术谱［M］.民国刊本.

［36］张君房.云笈七签［M］.天圣三年至七年（1025～1029）间辑成.

［37］左丘明.春秋左氏传［M］.春秋.

［38］孔颖达.孔颖达疏［M］.唐代.

［39］张君房.云笈七签［M］.大宋天圣七年（1029年）.

［40］黄帝.素问·阴阳应象大论［M］.先秦至汉.

［41］孔子.易传［M］.战国或两汉时期.

［42］黄帝.黄帝内经［M］.先秦至汉.

［43］黄帝.灵枢·阴阳系日月［M］.先秦至汉.

［44］左丘明.国语·周语［M］.春秋时期.

［45］左丘明.左传·昭公元年［M］.春秋时期.

［46］黄帝.素问·金匮真言论［M］.先秦至汉.

[47] 黄帝.素问·阴阳离合论[M].先秦至汉.

[48] 张介宾.类经·阴阳类[M].明代.

[49] 孔子.易传·咸[M].战国或两汉时期.

[50] 孔子.易传·系辞下战国或两汉时期.

[51] 黄帝.素问·天元纪大论[M].先秦至汉.

[52] 黄帝.素问·六微旨大论[M].先秦至汉.

[53] 老子.老子·四十二章[M].约公元前571年–约公元前471年.

[54] 庄子.庄子外篇·田子方[M].春秋.

[55] 管子.管子·内业[M].春秋时期.

[56] 张景岳.类经附翼·医易[M].明代.

[57] 黄帝.素问·生气通天论[M].先秦至汉.

[58] 黄帝.素问·天元纪大论[M].先秦至汉.

[59] 黄帝.灵枢·论疾诊尺[M].先秦至汉.

[60] 黄帝.素问·宝命全形论[M].先秦至汉.

[61] 黄帝.素问·通评虚实论[M].先秦至汉.

[62] 黄帝.素问·调经论[M].先秦至汉.

[63] 程钟龄.医学心悟[M].清代.

[64] 张景岳.景岳全书·传忠录[M].明代.

[65] 黄帝.素问·四气调神大论[M].先秦至汉.

[66] 黄帝.素问·至真要大论[M].先秦至汉.

[67] 郭沫若.人辞通纂[M].1933年在日本东京出版.

[68] 先秦诸子.尚书·洪范[M].前10世纪（周代）.

[69] 左丘明.国语·郑语[M].春秋.

[70] 孔颖达，王德韶，李子云等奉诏撰；朱长才，苏德融，隋德素，王士雄，赵弘，智复审，长孙无极，李勣，于志宁，张行成等人刊定.尚书正义[M].唐初.

[71] 扁鹊.难经[M].汉.

[72] 叶桂（天士）.温热论[M].清代.

[73] 黄帝.灵枢·本脏[M].先秦至汉.

[74] 吴谦.医宗金鉴·四诊心法[M].清乾隆年间，公元1742年.

［75］朱熹.朱子语类［M］.宋代景定四年（1263年）黎靖德以类编排，于咸淳六年（1270年）刊为《朱子语类大全》140卷，即今通行本《朱子语类》.

［76］唐顺之.胡贸棺记［M］.明代.

［77］孟子.孟子·梁惠王上［M］.战国中期（公元前250-150）.

［78］司马迁.史记·项羽本纪［M］.西汉刊本.

［79］涨潮编辑.虞初新志·魏学洢·核舟记［M］.明末清初.

［80］编委会主任陆而奎.辞源［M］.商务印书馆.民国四年十月初刊（1915念）.

［81］宋谦.猿说［M］.明代.

［82］明代国子监监生张自烈撰.正字通［M］.明代.

［83］韩愈.马说［M］.唐代.

后 记

三十年弹指一挥间，我和夫君杨维教授虽然饱经沧桑，但岁月如歌，学商共济，情怀依旧，对中华文化的热衷愈发浓烈；三十年来我们出资200多万元保护修缮家族文物古迹，收藏家族绝版文献12种；三十年来我们潜心研究，笔耕不辍，整理出家族文化《河中饧杨氏文学典藏》《河中饧杨氏武学典藏》及古籍文献若干；三十年来我们苦心研习梳理构建河中饧杨氏武学九大体系，包括大椿堂武学（明代）、杨氏戳脚拳（清代）、杨氏翻子拳（清代）、杨氏华拳十二路（清代）、杨氏十三形（清代）、杨氏八形掌（清代）、太极跤（民国）、散手道（新中国）、武家学派（新中国）；三十年来我们秉承家传大椿堂教育模式培养子女，家庭成员中博士4名硕士2名；三十年来我们坚持推广武道文化，提出"武家学派"简称"武家"的概念，让世界32个国家6万人了解、认识和喜爱中国传统文化符号和元素。

杨氏十三形（清代）也称"太极十三形"，是河中饧杨氏武学九大体系之一，是河中饧杨氏十八世嫡孙、清末农民起义天理教将领杨景始传，从1820年传承至今已有199年，流传于河北、山东、吉林、黑龙江等北方地区。由于受到时间空间、地域环境、文化素养、思想意识和其他拳种的渗透等多种因素影响，形成戳脚太极十三形、古武当太极十三形、杨氏十三形、太极十三形等演练风格、技术结构、动作名称各异的分支流派。

2018年4月28日，象形太极拳被黑龙江省五常市人民政府批准为非物质文化遗产，代表性传承人姜伟。5月3日，河中饧杨氏二十四世嫡孙杨义、杨维，在中国象形太极故乡——黑龙江青冈（德胜镇隆胜村阮兽家屯南二里），重修"河中饧杨氏墓地"撰文碑记，镌刻《清末农民起义天理教将领——杨景墓志铭》。10月，夫君杨维教授将上述古传不同形式的十三形，统称为"象形太极（太极十三形）"，组建"象形太极（太极十三形）非物质文化遗产挖掘整理小组"和"专家评审组"，对象形太极（太极十三形）进行挖掘整理和专家论证，构建了"象形太极（太极十三形）体系"。2019年3月，在夫君的指导下，按照《杨文才拳术谱》相关记载，将"象形太极十三势"整理成文字，并拍摄成照片和录像。

该书是2018年江西省基础教育研究专项课题（中小学武术散手道校本课程开发研究SZSYTY2018-926）、2018年上饶师范学院校级课题（杨氏八形掌历史流变与考证序号9）等研究成果。该成果从历史渊源基本情况、阴阳五行学说及其关系、歌诀及释义、动作图解及要领等方面进行深入研究和论述。"象形太极十三势"在上饶师范学院、山西大学和全国37家象形太极拳传承基地，进行了试点教学，收到良好效果。

特别感谢原中国武术协会两位主席张耀庭、李杰，原北京体育大学党委书记、校长杨桦教授博士生导师，吉首大学党委书记、校长白晋湘教授、博士生导师为系列丛书题词。感谢上饶师范学院校长詹世友教授、博士生导师，体育学院院长项建民教授、硕士生导师为本书作序。感谢山西大学体育学院博士生导师刘映海教授专家述评。在此，向上述领导、前辈和老师，表示最崇高的敬意和诚挚的感谢。

由于时间仓促和条件所限，该书尚有一些不尽人意之处，欢迎大家提出宝贵意见和建议，以便进一步修改完善，使其更好地为全民健身国家战略服务。

辛桂维

2019年10月于上饶师范学院